なぜあの人は愉快なのか？

ハッピージェロントロジーで知った、ご機嫌に生きるレシピ

学校法人 山野学苑
一般財団法人 美齢学ジェロントロジーセンター理事
ジェロントロジスト
飯田ヤスヒサ

この本を、僕にジェロントロジーを紹介して立ち直らせてくれた恩師
故・山野正義氏と、これからジェロントロジーを学ぶみなさんに捧げます。

はじめに　ニューヨークから帰国して

本書は、**読むほどに人生が楽しく愉快になる本です**。だから、「難しそうなことはやさしく、やさしいことはより深く、深いことは面白く何度でも、真面目なことは愉快に」書いています。これ、作家・劇作家として活躍された井上ひさしさんから学んだ言葉なんです♬

そして、いちばん大切なポイントは、ジェロントロジーという学問の研究やデータに基づいた生きる知恵を、誰にでも分かるように楽しくかんたんに伝えた点です。

「かんたん過ぎて当たり前じゃないの〜?・」なんて言わないで、**じっくり読んでみてください**。その一つひとつを愉快に読んでいただくだけで、みなさんの生きづらさや、将来に対する不安やストレスをスッキリと解消できると思います。

そしてこの本には、**みなさんの毎日や将来を明るく希望のあるものに変えて、長い人生をハッピーにしてくれるノウハウやヒントがたくさん盛り込んであるんです。**


それは、僕がニューヨークから帰国した頃でした。アメリカのビジネスシーンで25年間、それなりに頑張って経験も積んで、日本で始まる第二の人生を夢見ていた僕でした。しかし、帰国してすぐに日本とアメリカのビジネスや文化の違いに息が詰まり、まるで浦島太郎のような気分になっていました。ストレスや将来的な不安やホームシックにも似た喪失感を抱え込んで迷走してしまったのです。

日本で生まれ育ち、日本でも会社員を経験していた僕なのに、これは意外な展開でした。でも実は、アメリカやヨーロッパでの長い海外生活を経て日本に帰国すると、こうした症状になる人がとても多く、「帰国うつ」とも呼ばれていたのです。僕は、ぜ〜んぜん知りませんでした。

そんな重たい気分をスッキリと晴らしてくれたのが、美容で有名な山野学苑の山野正義総長にご紹介いただいた教えです。それは南カリフォルニア大学ジェロントロジー学部通信講座での学びでした。

そのジェロントロジーをひとことでいえば「生きる知恵袋」です。

南カリフォルニア大学ジェロントロジー学部では、幸せに生きる最新の方法が研究され、授業には医学や栄養学や運動学や生理学や心理学や社会学や経済学などが学際的に盛り込まれています。いうならば、体系化された「生きる知恵袋」なのです。

これらの研究はアメリカの近代政治にも反映されており、さらに、主要国首脳会議などでも講演されています。そこで日本にジェロントロジーを広めるために、山野学苑と南カリフォルニア大学が提携して、南カリフォルニア大学ジェロントロジー学部通信講座が開かれたのです。

最近、世界保健機関（ＷＨＯ）憲章にも出てくる〝**well-being**〟という言葉がとても注目されています。「幸福」と訳されることが多いのですが、ジェロントロジー的には**「愉快」というニュアンスのほうが近い**かもしれません。

↓↓↓では、愉快に生きるためには、なにがだいじなのでしょうか？

実は自分一人だけがワクワクしていても愉快にはなれません。自分にとって大切な人をワクワクさせれば、相手を笑顔にすることができます。そうすれば、自分も笑顔になって、毎日をウキウキワクワク愉快に暮らすことができるのです。そのためには、

▼健康であること
▼ストレスが少ないこと
▼外見にも気を遣うこと（相手が嫌な気分にならないためにも）

などが大切です。

本書は、百年以上にわたって多くの研究者や研究機関が追求してきたジェロントロジーや、さまざまな研究結果に基づいた生きる知恵を、短いエッセイとして分かりやすく伝えています。**その一つひとつに、みなさんの生きづらさや、将来に対する不安やストレスをスッキリと解消して、みなさんの毎日や未来をハッピーにしてくれる「ノウハウやヒントやアイデア」が、たくさん盛り込まれています。**

本書は、みなさんが今の僕の気分のようにスッキリ&ハッピーになれるように、楽しみながら書きました。楽しみながらご一読いただければ、僕もとてもハッピーです！

学校法人 山野学苑・一般財団法人 美齢学ジェロントロジーセンター理事
飯田ヤスヒサ

愉快に、ご機嫌に生きるためのレシピ

この本は、南カリフォルニア大学ジェロントロジー学部の授業や最新の科学的なエビデンスをもとに、困難やストレスだらけの現実をご機嫌な世界に変える人生の参考書です。

成功と幸せの違いを知って人生を見つめ直す

多くの人は、「成功とは、お金や名誉を得ること」だと思っている

▼

しかし、それはステレオタイプ（固定観念）でしかなく、成功と幸せは別のもの

▼

幸せには継続や未来があるし、自身のとらえ方しだいで幸せになれる

1章

ステレオタイプに気付きましょう!

幸せに関する破綻のない理論

ご機嫌に生きるための ノウハウを知ろう

自分一人だけがワクワクしていても、心から愉快にはなれない

▼

自分にとって「大切な人」をワクワクさせれば、相手を笑顔にすることができる

▼

自分も笑顔になって、毎日をウキウキワクワク愉快で幸せに暮らすことができる

困難はギフトだと捉えよう

ご機嫌になるためには、つねに健康でいたい

ご機嫌の基本である健康を蝕んでいるのは、継続的なストレス

▼

継続的なストレスが起きる理由を学び、ストレスをコントロールをしよう

▼

継続的なストレスをなくし、免疫力を高めて老化を遅らせ、爽やかに、美しく過ごせます

4,5章

幸せとはなに？　成功とは？　健康とは？　QOLとは？　そんな学びが、この本に凝縮されています。そして今日一日を明るく、朗らかに、楽しく、自分らしく、スッキリ＆ハッピーにする。そんな「生きる知恵」が、いっぱい詰まっているのです。

夢にあふれた人生設計を立てて、実現しよう

夢を見ているだけでは、本当の幸せにはなれません

▼

不安や困難を、安心と暮らしやすさに変えるノウハウを身につけましょう

▼

夢にチャレンジし続けて、学び続けることで、夢に向かって幸せに生きましょう♬

6,7章

挑戦することこそがワクワク♬

もくじ

はじめに　ニューヨークから帰国して　003
愉快に、ご機嫌に生きるためのレシピ　008

第1章　ご機嫌に生きるには

1　思えば叶う！　幸せは引き寄せましょう　018
2　幸せになろう！　成功と幸せは違うのよ　024
3　ライフシフト！　波平もびっくり人生百年時代　030
4　これ解答！　ご機嫌で元気に生きる方法　034
5　ここがポイント！　ステレオタイプにさようなら　038
6　せっかくだから！　みんな美しく楽しく生きないと　042
○　ハッピーポイントまとめ①　046

第2章　楽しく生きるノウハウ

7　ジョブズも言っている！　分別臭さは分別ゴミに　048
8　上手に夢を叶える！　ほめておだててホメオちゃん　054
9　失敗もまた楽しい！　不幸な成功者と幸せな成功者　060
10　興奮しすぎは疲れちゃう！　ストレスからの卒業　066
○　ハッピーポイントまとめ②　072

第3章　ハッピーにチャレンジ

11　新しいチャレンジで！　ブルーオーシャンに行こう　074
12　楽しくお仕事！　ハッピー倍増計画　080
13　ご機嫌な毎日を！　ストレス溜めずに貯金ためて　084
14　急速に休息を！　アクティブレストでね　088
15　迷走してないで！　マインドフルネス瞑想を　092

◯ ハッピーポイントまとめ③ 098

第4章 健康で若々しくね！

16 楽しくご機嫌に！ 美しさを見直そう 100
17 スマートに生きよう！ ダイエットでリッチに 104
18 健康の秘訣！ 睡眠を見直そう 110
19 ふていの輩(やから)は成敗！ 不定愁訴にさようなら 114
◯ ハッピーポイントまとめ④ 118

第5章 きれいになって愉快に

20 汚腸を磨いて！ ちょう美しく 120
21 恋して美しく！ その秘密はオキシトシン 126
22 糖分は当分控える！ でもごはんは食べよう 130

23 呑まずに蕎麦！ソバーキュリアスに 134
24 お蕎麦が防ぐ！肥満とやばい病気 138
○ ハッピーポイントまとめ⑤ 144

第6章 夢にあふれた人生設計を

25 コツコツを積み重ねて！ドカンと成功を 146
26 Googleに学ぼう！心理的安全性と笑顔 150
27 不安とさようなら！ストレスフリーになる方法 154
28 経験豊かな人生を！好奇心でご機嫌に 160
29 後悔のない人生！それは学び続ける人生 164
○ ハッピーポイントまとめ⑥ 夢にあふれた人生設計を 170

第7章　風の時代を笑顔で生きる

30 「風の時代」到来！ 学びと情報が羅針盤 172
31 なにもかもが変わる！ ライフシフト社会はこうなる 180
32 年齢を忘れよう！ エイジズムの逆をいこう 186
33 目標を決めよう！ その夢に向かって 190
34 夢を現実に！ 生きるほどに美しく 194
○ ハッピーポイントまとめ⑦ 198

あとがき　ハッピージェロントロジーに驚いた！ 199

Special thanks 205

参考文献 206

第１章

ご機嫌に生きるには

1 思えば叶う！幸せは引き寄せましょう

誰にでも、やりたいことや、なりたいことや、夢があると思います。その夢を現実にするためには、ぼんやりした望みではなく、**夢から一歩踏み出して、「いつかは達成できるんだ♪」と前向きに、ワクワクとゴールに向かって走り出すことがだいじ**なのです。

幸福について研究する心理学者、ソニア・リュボミアスキーは、「人は幸福を感じるようになると、生産的、行動的、健康で、友好的で、創造的になる」と述べています。幸せな時って、やる気にあふれていて、仕事もプライベートも時間が足りないくらいに、ものごとが進みます。そしてナイスなアイデアもどんどん生まれますよね。**目標に向かって走り出している時って、幸福感を感じられるんですね♬**

また、**「主観的に自分は幸福だと思っている人は、そうでない人に比べて、病気が少なく、寿命が長く、収入が多い」**という調査結果があります。「主観的に」だから、他人が不幸そうだと思っていても本人さえ幸せだと思っていれば良いということですね。**ジェロントロジー学でも幸福感やポジティブシンキングの重要性を説いています。**

「え、ジェロントロジーってなに？」と思われたあなたのために、各項目の文末にジェロントロジーについて解説を用意しておきますからね♬

つまり、自分は幸せだと思っている人は、おのずと幸せな人生を引き寄せているのです。

↓↓↓なんか怪しいとお思いの方のために確率論で考えてみましょう。

ソニア・リュボミアスキー｜Sonja Lyubomirsky

世界的なベストセラー作家。もともと心の病気などを主に扱う心理学に対して、個人や社会を繁栄させるような心の強さや長所を研究する心理学の一分野『ポジティブ心理学』の研究者。

人生はいくつものチャンスとの出逢いと、判断の積み重ね。ですから、たくさんのチャンスに出逢い、失敗も含めて、たくさん判断の経験をした人のほうが的確な判断ができて、夢を現実にできるのです。

たとえ不幸な事故に出逢ってしまったとしても、肯定的に捉えてポジティブに判断していけば、逆にその事故をバネに、より良い結果を生み出すこともできますし、そういった事例は数多くあります。逆境が人を強くするんですね。

東日本大震災の被災地から優秀なアスリートや、素晴らしいミュージシャンがたくさん登場していますが、それも悲惨な災害という逆境がバネとなった例でしょう。

もちろん、人と人の出逢いも、その人の幸せを大きく左右します。しかし、その出逢いを良い結果にするのも悪い結果にするのも、本人の考え方次第ですが。

あらゆる出逢いや事故や病気などの不幸まで、**すべてのことを前向きに**

幸せと収入｜ Happiness and income

ハーバード大学は、自己評価で「自分は幸福だ」とする学生と、幸福感が低い学生を16年間追跡。幸福感が高かった学生は、幸福感が低かった学生との比較で、その後の平均年収が275万円も多かったそうです。

受け入れてポジティブに判断することこそがとても大切で、それが人生の質まで決定付けるのです。

さらにいうと、目標に向かいワクワクすることこそが、ものごとを打開するアイデアを生んだり、目の前を通り過ぎる小さなチャンスを見逃さないことにつながるのです。「好きこそものの上手なり」ということわざがありますが、これもまた真理を絶妙にいい当てています。

つまり、**目標に向かってポジティブに楽しんでやり続けることが、高いポテンシャルを生み出して夢の実現や成功や幸せのチャンスを高めてくれる**のです。

やはり思えば叶うんですね♬

本書でご紹介するジェロントロジーを私に教えてくれた恩師は、あの美容で有名な山野学苑の山野正義総長。日本にジェロントロジー学を広めるために南カリフォルニア大学と提携したのも総長です。
その総長が『思えば叶う』という本を書いています。

実はこの本を書いている最中に総長からの連絡が途絶え他界されました。いつも元気に大きな声で僕を励まし、勇気づけてくれた総長でした。今は亡き故・山野正義総長への感謝の気持ちを込めて、「思えば叶う！ 幸せは引き寄せましょう」という見出しからこの本はスタートしました。

私の夢はジェロントロジーを広めて、笑顔に満ちた世界を作ることです。ですから、この本を通じてあなたにジェロントロジーのエッセンスをお伝えしてまいります。**みなさんも夢を目標に切り替えゴールに向かって踏み出して、ぜひ夢を叶えてください。**

この本がヒントになって、あなたの夢が叶って幸せな毎日が過ごせますように心から願っています。

★ポイント★
「幸せは歩いてこない」という歌詞のように、この本とともに幸せに向かって歩き出しましょう♬

【ジェロントロジー｜gerontology】

ジェロントロジーは人生全般にわたる、エイジングについての学問分野です。「老齢学」などと呼ばれることも多いのですが、エイジングは10代から始まるもの！　ですから、ジェロントロジーはご老人のためだけの学問ではなく、多様な立場のみなさんが学ぶことで、健康で、気分もワクワク、楽しく豊かな人生を得ることができるのです。ぜひ学んで、明日から活用してくださいね。

2 幸せになろう！ 成功と幸せは違うのよ

前項では、**幸せの引き寄せ方**についてお知らせしました。しかし、「幸せと成功は似ているようで実は違うもの」だということをぜひ知っていただきたいと思います。

夢が叶って成功すれば幸せになれる。と誰もが思って頑張るんだと思います。でも、成功と幸せは全く別のものなのです。

南カリフォルニア大学のジェロントロジーの授業では、別々の環境で育った多くの一卵性双生児たちの人生を長年調査した事例を紹介しています。**同じ環境で育った一卵性双生児は大人になっても見分けがつかないほど似ているものです。**しかし、全く違う環境で育った一卵性双生児は容姿も健康状態もその行動や考え方さえも、明らかに全く違うのです。

つまり、**人は育った環境で健康状態や寿命までも変わってしまう**ということなのです。

でも、残念ながら生まれ育つ環境は自分では選べません。だから多くの人は勉強して高学歴を目指し、高収入の会社に入り、高い生活レベルを得ようとするのです。一般的には、大企業で出世を続けたり、起業して高収入を得て立派な家を建てたり、名誉のある立場に立ったり、婚活でお金持ちの旦那さんをゲットして毎日高級エステサロンに通ったりすると成功者とみられますよね。

でも、**「成功と幸せとは別物だ」と、はっきり区別をしておくべきもの**

双子の研究｜Study on twins

ヘルシンキ大学のHjelmborg（ヘルムボルグ）教授のチームによる双子の遺伝と寿命に関する研究によると、寿命の25％が遺伝情報によって規定され、残りの75％は自分の手で変えられる可能性があるそうです。

なのです。

「多くのみなさんは、成功すれば幸せになれる」と思って頑張ると前述しました。しかし、頑張りすぎて病気になる人も少なくありません。それにお金持ちになったり、お金持ちの旦那さんに恵まれたとしても、満たされた生活ができる保証はありません。

では、いったいなにが「幸せ」なのでしょう？

とても突飛な考え方だなと思われるかもしれませんが、南カリフォルニア大学のジェロントロジー学科では、長年の科学的な研究の末に次のように教えています。実は、僕も最初はこの考え方に違和感を覚えました。しかし、よくよく考えてみると、「これこそ真理だなぁ」と思うようになったのです。

「自分の大切な人の笑顔を見られることが自分の幸せ」だと。

↓↓↓「え、なにをおっしゃってるの？」と思ったでしょう？　でもね、実はこの理論は完璧で打ち崩せないんですよ。

たとえば、自分の大切な人、お母さまや、ご主人や、奥さんやご家族をいつも笑顔にできることって素晴らしいことです。しかし、その**笑顔のために頑張りすぎて、会えなくなったり自分が病気になったりしたら、大切な人の笑顔は遠のいていきますよね。**

当然ですが、本当の笑顔はお金では買えません。たとえ貧乏でも、お互いに心からの笑顔を交わせるご夫婦がいたら、そのお二人はどんなに幸せなのか想像もつかないほどです。

さらにこの幸せの理論は、仕事や社会生活でも同じなんです。

もし**大切なお客さまの笑顔が見られる仕事ができていたら、あなたの仕事はとてもうまくいっている証拠**です。お客さまを笑顔にできる仕事は長続きしますし、十分な対価も得ることができるでしょう。

成功と幸せ｜Success and happiness

成功と幸せは、必ずしも一致しません。成功はヒト・モノ・カネ・情報に満たされていることをいいます。南カリフォルニア大学ジェロントロジー学部では、「幸せとは大切な人の笑顔を見られること」とされています。

つまり、**成功とは、富や名誉や地位などが満たされたことをいいますが、幸せとは、あなたの心が大切な人の笑顔で満たされていること**をいうのですよ♬ 詳しくは60ページ「失敗もまた楽しい！不幸な成功者と幸せな成功者」でも書きましたので、ご参考に。

納得できたでしょうか？

「え！ こんなことを学問として大学で教えてくれるんだと！」と、日本の大学しか知らなかった僕にとって、南カリフォルニア大学ジェロントロジー学部の通信講座は新鮮な驚きでした。そしてアメリカから戻って、「なにもかもうまくいかない」と落ち込んでいた僕に、明るく暖かい希望の光が差し込んできました。

それからというもの、何度も何度も繰り返しジェロントロジーの授業をビデオで観たのです。そして、観れば観るほど学びになりました。そこから見つけた希望の光を、あなたに届けられますように♬

★ポイント★
幸せの本質を知って、本当の幸せをつかんでくださいね♬

【南カリフォルニア大学｜University of Southern California : USC】

1880年に設立したアメリカ屈指の名門校で、カリフォルニアで最も歴史のある総合私立大学。アポロ11号の宇宙飛行士ニール・アームストロングをはじめとする15名の宇宙飛行士や10名のノーベル賞受賞者を輩出しています。また、ジェロントロジー研究の発祥の地であり、世界的なジェロントロジー研究の権威です。ジェロントロジー学部のピンカス・コーエン学部長は、先進国首脳会議などでも講演されています。

3 ライフシフト！波平もびっくり人生百年時代

「サザエさん」のテレビ番組を観ていると、おじいさんがネクタイにスーツ姿で電車通勤をしているので、な〜んとなく違和感を感じていたんです。

そこで調べてみました。おじいちゃんに見えていたサザエさんのお父さん「磯野波平」さんのお歳はなんと54歳なのだとか。そんなに若いのにおじいちゃんぽくって驚きですよね。しかも趣味は、囲碁・盆栽・釣り・俳句・骨董品の収集などなど。趣味までちょっとジジくさい。

いやはや、これはどうしたことなのでしょう。

実は日本人の寿命は、医療の進化や戦争のない安全な社会のおかげでどんどん伸びているのです。百年前に生まれた人が、百歳まで生きている確率はわずか１％だったそう。だから、「サザエさん」が始まった当時54歳の波平さんの容姿は、ごく普通だったのでしょう。しかし現代の**日本では、2007年生まれの子どもの約半数が、なんと107歳まで生きると推測されている**そうなんです。

そんなわけで、**『人生百年時代』の到来だなんていわれてるのです。**

長寿社会になって、「夫婦世帯の場合、退職後に最低2000万円を用意していないと、夫婦の老後資金が底をつく」と金融庁の報告書に書かれていたということで、数年前に国会が紛糾していたのを思い出します。

この紛糾の原因となった報告書は、市場ワーキング・グループ（大学教

寿命の研究｜Lifespan research

アメリカのカリフォルニア大学とドイツのマックス・プランク研究所が調査した結果では、大きな災害や戦争などがなければ日本で2007年に生まれた子どものほぼ半数が107歳まで生きると推測されています。

授や金融機関の代表者ら、いわば専門家やプロたち21人の委員で構成）が12回の議論を重ねた後、金融庁内部の了承を得てまとめたものでした。

↓↓↓「え～どうしたらいいの？」ですって！

政治の問題はさておいても、学者や専門家や多くの研究の結果からも、**人生百年時代は確実に近づいている**ということは明白な事実です。

「私はそんなに長寿はしないから大丈夫」なんて思っているあなたも、いかにして幸せで健康な人生を送るかを考えていかないと、あなたの未来、とてもやばいですよ～。

でも大丈夫！　ジェロントロジーを学んで、人生百年時代でも二百年時代でも、いつまでも若々しくご機嫌に生きましょう。

★ポイント★
人生百年時代が間近に迫っているので、自らの老後は自らの責任で生き抜かないといけません♬

【老後｜Second life】
ご存じない方は驚かれるかもしれませんが、アメリカでは、年齢を採用基準にするのは違法。ですから履歴書に年齢を記載する箇所もありません。つまり、何歳でも本人の実力とやる気次第で働けるのです。いずれ日本も定年制度が廃止され、何歳でも働けるようになるでしょう。ジェロントロジーでは、人に役立つことで幸福感を得て健康で質の高い生活が得られると説明しています。晩年まで気持ちよく働けたら素晴らしいですね。

4 これ解答！
ご機嫌で元気に生きる方法

品川にとても美味しい老舗うどん屋さんがあります。僕は江戸っ子（のつもり）だから、どちらかというと蕎麦が好き。だから、あまりうどんは食べません。ですが、ここのうどんは大好きで、近くまで出かけると必ずお邪魔してしまうんですよ。

「どこのお店？」って気になりますよね。でもお店の名前を出しちゃうと、ますます行列が長くなってご迷惑をおかけするので、ここでは内緒にしておきます。知りたい方は、こっそり私にご連絡ください。

ちなみに、讃岐にはあちらこちらに美味しい手打ちうどんのお店が点在しています。なんと、おうどんを主食としている人もいるんだとか。だから讃岐の人はとても丈夫で大家族なんですね。うどんだけにコシが強い。アジャパ～♬

オヤジギャクはさておいて、このうどん屋さんは繁盛店で、雨でも冬でも行列が絶えないほどなのです。

↓↓↓その繁盛の理由は、もちろん美味しいからですが、ジェロントロジー的に考えると、うどんが美味しいからだけではないのです。

このうどん屋さんのユニホームが素晴らしいんです。背中にはこんな言葉がつづられています。「一**笑**懸命、ただ一生懸命。お客さまの笑顔が私たちの喜びです」と。そしてこの言葉の通り、従業員のみなさんの心配りのあるサービスや笑顔。そして、常に時代に応じた味とメニューで、**お客**

さまを楽しませようとする姿勢が素晴らしいのです。

南カリフォルニア大学のジェロントロジー学部では、自分の大切な人の笑顔を見ることが幸せと教えています。つまり、お客さまという大切な人の笑顔のために尽くすべきなのです。お客さまの気持ちになるからこそ、必要なモノやコトが見えてくるのです。

自分の経歴や社会的立場だけにこだわったり、そんな**プライドだけで接していても、逆に自分の立場を卑下していても、お客さまや大切な人の笑顔は得られません。**

「老舗だから」とお高くとまらず、お年寄りや子どもたちにも優しい気配りのあるサービスや価格設定や商品開発ができるからこそ、繁栄が続いているのですね。

人生もまた同じ。大切な人の笑顔を見られるように生きることこそご機嫌で元気に生きる方法なのです。

★ポイント★
大切な人の笑顔のために尽くすことが、結局は自分の幸せや喜びにもつながり、質の高い人生が送れるのです♬

【喜び｜Pleasure】

人間は猿の時代やそれ以前から群れを成して生きています。ですから、社会の存続は自身の幸せだけではなく種の保存や繁栄にも関わるのです。その社会全体に喜ばれることや、仕事や家庭という単位で喜ばれることが、自分の幸せにつながるのは道理が合うのです。南カリフォルニア大学のジェロントロジー学の授業で度々語られるこの幸せの観念は、そんな理論にも裏付けられています。英語にも「It's my pleasure.（どういたしまして＝それは私の喜びです）」という慣用句がありますよね。

5

ここがポイント！
ステレオタイプにさようなら

ステレオタイプってご存じですか？

ステレオタイプとは、多くの人が思い込んでいる固定観念や思い込みのことです。たとえば古くから性別などに対して、「女子はおしとやかでなければならない」とか「男子は元気でたくましくなければならない」のように短絡的なイメージを押し付けがちです。これは、アメリカの著作家で政治評論家でもあるウォルター・リップマンによって提唱されました。

ウォルター・リップマン｜ Walter Lippmann

アメリカ合衆国の著作家でジャーナリスト。政治評論家であり、「冷戦」という観念を最初に扱ったひとり。また「ステレオタイプ」という言葉を生み出すなど、新聞のコラムや著書などのメディアを通じ社会的な影響力を持っていました。

「ステレオ」と聞くと、音楽をイメージする人が多いのですが、実はステレオタイプの語源は印刷用語。新聞や辞書などの活字印刷のために使われていたステロ版（鉛版）印刷のことをいっています。このステロ版で印刷すると、全く同じものが量産できることから、ステレオタイプという言葉が生まれたんですね。

でもこのステレオタイプって、いろいろなところに潜んでいて、なかなかそれが正しいのか間違っているのか、理解することが難しいのです。とくに**社会全体がそう思い込んでしまっている社会的固定観念が難題**なのです。

南カリフォルニア大学や、僕がいる山野学苑などで学生に老人についてアンケートをしてみると、老人は「すぐに病気になる」「物忘れがひどい」「将来が見えない」「すぐコケる」「失禁する」「アクセルとブレーキを踏み間違ってコンビニに突っ込む」などとネガティブなイメージばかりが返ってきます。

でも実は、**そんなイメージを持ったまま歳を取ると、「自分もついにそんな悲しい老人になってしまったんだ」**と思ってしまうのです。

「思えば、叶う」と、この章の最初に書きました。潜在意識で思い描くことが、その人の人生で顕在化してくることは、すでにいろいろな研究で立証されています。

大切なことなので、何度も書きますね。**自分が長年思い描いてきた「老人になったらこうなる」というネガティブなイメージこそが、自らをそのようにしてしまう**のです。つまり、これがステレオタイプの怖いところなのです。

老人をネガティブなイメージで捉えているステレオタイプ。それはただの思い込みです。早く思い込み（＝重いゴミ）を捨て、いつまでも気持ちを元気に、夢や目標に向かっていきましょう！

★ポイント★
老化に対するネガティブなイメージが顕在化しないように、ポジティブな未来を描きましょう♬

【老化のイメージ｜Image of aging】

南カリフォルニア大学のジェロントロジー学部の講義では、「老化に対するネガティブなイメージが、ステレオタイプとなって社会に蔓延している」と伝えています。不幸な老化のイメージが、自分が年齢を重ねた際に「私もついに想像していた老人になってしまった」と思い込ませるのです。これは不幸なイメージの連鎖です。老化に対するネガティブな考えが固定観念であることに、早く気付きたいものです。

6 せっかくだから！みんな美しく楽しく生きないと

女も男もそれ以外の人も、**見た目で寿命が変わるんです。**

「ふ～ん、なんとなくそんな気もするけど、本当かなぁ」というあなた。これホントなんです。南デンマーク大学の研究者グループが、デンマークに住む70歳以上の双子1826人（男性840人、女性986人）の顔写真を見せて、見た目の年齢を判定してもらい、追跡調査をした結果、実年齢より若く見える人は長生きする傾向があって、同じ双子でも見た目の年齢に大きく差がある場合は、実際の年齢より見た目が老けて見られた人の寿命のほうが短いことが判明したというのです。

そして、この**見た目の年齢は、実は老化すると短くなるというテロメアの長さや、短いテロメアの割合と関係していたそうです。つまり、見た目が若い人のほうが長生きで、テロメアが長い傾向だったのです。**

↓↓↓では、どうしたらテロメアの長さを維持できるのでしょう？

テロメアを短くしてしまうものには喫煙や心理的なストレスや悲観することなどがあげられています。また、テロメアを伸ばす、赤ブドウ、赤ワイン、ダークチョコレートなどにわずかに含まれる「レスベラトロール類似体」と呼ばれる化学物質も発見されています。

最近ではこうした老化の研究や医学の飛躍的な進化が、人の寿命を圧倒的に伸ばしてしまう未来も、そう遠くではないといわれているのです。

ですから、世界的な課題となっている**ライフシフト**（長寿社会への移行）

テロメア｜Telomere

テロメアを発見したのは、ノーベル生理学・医学賞を受賞した米国のエリザベス・ブラックバーン博士。テロメアは生物の遺伝情報が収納されている染色体（DNA）の両端で染色体を保護する役割を担っていますが、細胞が分裂するたびに少しずつ短くなるのです。

について、政治や経済分野でも、もっと深く考えて早めに準備しておく必要が不可欠なのです。もちろん、個人的にも長〜い人生をどう生き抜くのか、準備をすべき時が来ているのです。

あなたの**老化は成長が止まる10代後半から始まっています**。ですから、今すぐにテロメアの長さをすり減らす喫煙やストレスや悲観的な考えはすぐに捨ててくださいね。女性も男性もその他のみなさんも、これからの長寿社会を迎えて健康に長生きをするためにも、美しく楽しく生きることが大切なのです。

ストレスは人の暮らしや健康に大きな影を落とします。とくに「継続するストレス」は命や健康を蝕みます。今こそストレスを減らして、人生をハッピーでご機嫌に生きるノウハウや心がけを学ぶべき時が来ています。

ジェロントロジーに基づく、そんなノウハウを第2章でご開帳しますね。

★ポイント★
老化は10代後半から始まっていますので、今すぐテロメアをすり減らさない生活を心がけましょう♬

【コスメトロジー｜Cosmetology】

コスメトロジーとは、美顔・整髪・着付けなど、容姿を美しくするために施す技術などを指します。南カリフォルニア大学と山野学苑は、コスメトロジーをアクティブエイジの一環と捉えて研究しています。山野学苑の山野愛子初代校長が提唱した、心身ともに「美しく生きる」という理念は、同大学が研究しているジェロントロジーに通じながらも補完する理念だったのです。

ハッピーポイントまとめ①
Let's try to collect happy points!

★ポイント1
「幸せは歩いてこない」という歌詞のように、この本とともに幸せに向かって歩き出しましょう♬

★ポイント2
幸せの本質を知って、本当の幸せをつかんでくださいね♬

★ポイント3
人生百年時代が間近に迫っているので、自らの老後は自らの責任で生き抜かないといけません♬

★ポイント4
大切な人の笑顔のために尽くすことが、結局は自分の幸せや喜びにもつながり、質の高い人生が送れるのです♬

★ポイント5
老化に対するネガティブなイメージが顕在化しないように、ポジティブな未来を描きましょう♬

★ポイント6
老化は10代後半から始まっていますので、今すぐテロメアをすり減らさない生活を心がけましょう♬

第２章

楽しく生きるノウハウ

7 ジョブズも言ってる！分別臭さは分別ゴミに

あのAppleの創設者の一人、スティーブ・ジョブズが、スタンフォード大学の記念講演を締めくくる祝辞として「**Stay hungry, Stay foolish**」と言ってるんですよね。Whole Earth Catalogという伝説の雑誌から引用されたこの名言を、「いつも腹ペコで、バカでいなさい」とそのまま訳しているちょっとおバカな誤訳もあるんですが、ジェロントロジーを学んだ僕なら「**つねに満足せずに、分別臭くならないで**」と訳します。

つまり！　目先のものごとや固定観念などに満足していないで、もっと素直で純粋に生きましょうということなんですよ。超訳すると「ハングリー精神で愚直に生きよう」ということかな〜。

スティーブ・ジョブズは、「彗眼（けいがん）で、時代を読んで、未来も見通す力があった」とか、「天才経営者だ」といわれています。しかし実は、乙川弘文（おとかわこうぶん）というすごい禅僧を生涯の師と仰ぎ、長年学んで、超自己中だった強い自我を抑えたのです。そして、良い製品を作る優秀なスタッフを育てたり、夢を語って多くの協力者を得たり、ものごとの本質を捉える力を身につけていったんですね。

とくにこの「Stay foolish＝分別臭くならない」はとてもだいじです。僕もジェロントロジーの講演で必ずお話ししていることなんですが、大人って**いろいろと経験を積んだり、部下を持ったり、それなりの責任のある立場になると、とかく偉そうにしたり説教したりしがちですよね。**家庭でも同様です。偉そうにしているお父さんや奥さんは、子どもたちにめっちゃ嫌われますよ〜。

乙川弘文｜Kobun Otokawa

京都大学大学院で大乗仏教を学び永平寺で厳しい修行を積んだ後に、カリフォルニアで若きスティーブ・ジョブズと出逢い、生涯にわたり多大な影響を与えました。「禅僧になりたい」というジョブズを思い直させたのも乙川弘文。彼がいなければiPhoneは生まれなかったかも！

もし、会社にそんな分別臭い上司がいると、部下たちはだんだん上司のご機嫌取りをしたり、会社を辞めてしまいますよね。それに、若い人たちの知恵やアイデアやバイタリティが仕事に反映されなくなってしまうんです。だからそんな分別臭さは分別ゴミに捨てましょう！

あるところに、どんどんスタッフさんが辞めてしまう美容室がありました。東京のお洒落エリアにあるその美容室は、とっても素敵なお店。なのに、どうしてそんなにスタッフが定着しないのか不思議でした。

そこで、そのお店を辞められたスタッフの一人からお話をお聞きしてみると、オーナーがとても厳しくて、スタッフはみんなオーナーの影にビクビクして仕事をしているというのです。

これでは、なかなかうまくいきませんよね。その美容院の最大の問題は、スタッフさんたちの向いている方向なのです。スタッフ全員が怒られないようにオーナーの顔色を見て仕事をしていたのです。本来は、スタッフがお客さまのほうをちゃんと見て、気配りや心配りをしながら居心地の良い対応をすべきです。

しかし、ビクビクしているスタッフさんにそんな余裕がなかったんですね〜。そうなると、お客さまも笑顔になりませんよね。そして、やりがいや夢を感じられなくなったスタッフたちがつぎつぎに辞めてしまっていたのです。

第1章でも書きましたが、南カリフォルニア大学のジェロントロジー学部の講義では、**「自分の大切な人の笑顔を見ることが幸せ」**と言っているんです。

↓↓↓これ、実はすごく深いので何度も書きます。僕も最初はなにを言っているの分からなくて、ついつい聞き逃していた大切な教えなのです。

たとえば、**自分にとって大切な人であるご主人や奥さんを笑顔にすることができれば、自分自身にも安らげる家庭や幸せは戻ってくるし、お客さまを笑顔にすることができれば、その仕事は必ずうまくいくんですね。**

もちろん、仕事の場合はプロとして十分な技術を身につけていなければお客さまは笑顔になりません。そして、ちゃんと家庭に貢献できていなければご主人も奥さんも子どもも笑顔にはなりませんけどね。

「自分の大切な人の笑顔を見ることが幸せ」って、とても良い学びでしょ？　縦割りで専門特化されていて、分別臭くなりがちな日本の大学で、こんなことを教えてくれるところはなかなかありませんよね。興味が湧いたら**ハッピージェロントロジーで検索してみてください**。サイトで赤い靴下をはいた分別臭くない僕の笑顔に出会えますから♬

余談ですが、僕は毎日愚直に赤い靴下をはく「レッドソックスクラブ」の会長をやっているんですよ。赤い靴下をはいたら気分はアゲアゲ。楽しいですよ～♬ 会員はいないんですけどね～。

★ポイント★
自分だけが幸せになるのではなく、自分の大切な人や周りの人が、笑顔でハッピーになるように生きましょう♬

【ハッピージェロントロジー｜Happy gerontology】

ジェロントロジーは「老齢学」などと訳されたり、老化の研究に重点が置かれている場合も多く見受けられます。しかし、南カリフォルニア大学ジェロントロジー学部の授業内容は、医学や心理学から人のQOL（クオリティ・オブ・ライフ＝生活の質）や、幸福学や、社会問題などにも及ぶものです。ですから僕は、ハッピージェロントロジーと呼ぶことにしました。今では、「ハッピージェロントロジー」で検索すると南カリフォルニア大学ジェロントロジー学部通信講座が表示されるようになりました。ぜひ覗いてみてくださいね！

8 上手に夢を叶える！ほめておだててホメオちゃん

サウナや温泉に長く入ると汗が出ますよね。これ、「**ホメオスタシス**」というなにやら怪しいやつの仕業なんですよねぇ〜。

このホメオスタシスとは、**人の体や心を一定の状態に保とうとする生理的な機能のこと**で、体温が上がれば汗を出して放射熱で体温を下げて、寒くなれば震えて体温を上げようとするのです。

頑張ってダイエットしてせっかく体重が減っても、かんたんにリバウンドしちゃう。これもホメオちゃんのシ・ワ・ザ。

でも、人に不可欠な体温の維持や、こころの安定や、免疫力などを支えているのも、このホメオちゃんだから、人はホメオちゃんなしには生きていけないんですね～。

だったらどうやってダイエットしたり、なかなか習慣化できないことをうまくいくようにできるのか、ホメオちゃんに聞かれないように、こっそりお教えしますね。こっそりね～。

実はホメオちゃんって、みなさんの日常の習慣などについても積極的に働きかけてくれるのです。だから、**新しいことにチャレンジしようとしても三日坊主になっちゃうのも、ホメオスタシスが従来の習慣を持続しようとするのが原因**なんですね。

ホメオスタシス｜Homeostasis

生物の体が、環境などの変化を受けながらも、日頃の安定した状態に保とうとする働きのことをいいます。そしてホメオスタシスは、心の状態も同じように維持して安定させようとします。

このホメオスタシスとは、１９３０年頃に生理学者のウォルター・Ｂ・キャノンが古典ギリシャ語で「同一の状態」という意味から命名したのだとか。

↓↓↓で、内緒ばなしはここから。

奥さん、ここだけのお話。このホメオちゃんは案外鈍感なんですって。ですから、そんなホメオちゃんのことを少し理解してあげて、上手にだませばなんとかなるのですよ♬

さらにこの**ホメオちゃん、実は心地よいことや、心地よいところや、快感が大好物。それに、習慣化とかパターン化が大得意**。でも、前述したようにちょっと鈍感でしたよね。

だから、「早起きしなきゃあいけないけど、お布団にいるのが楽ちんだから出たくない！」と泣き叫ぶホメオちゃんに、「すごく気持ち良いからシャワーを浴びてみては～」とやさしく問いかけると、ホイホイ寝床から出てきちゃう。
たとえば「家に閉じこもってないで、散歩に出かけたら、風がとっても気持ち良いよ～」と教えてあげれば、るんるん出かけちゃう。

誰かにそんな甘い言葉を掛けてもらえないあなたは、自分で自分の中のホメオちゃんに、「宿題が終わったら、冷蔵庫にしまっていた美味しいメロンを食べようね～」とか、「ジョギングに出かけたら、きれいなお花が咲いているかもよ～」なんて、ワクワクする楽しそうなアイデアを教えてあげれば大丈夫。

ホメオちゃんって、ほんとに気持ちの良さそうなことが大好き。**ホメオちゃんって、まるで「自分の中にいる３歳児」**みたいですよね。

ですから、**新しい習慣を始める時はホメオちゃんの鈍感さを利用して、**

少しずつ始める。習慣化したら、毎日休まず少しでも実践すると良いでしょう〜。

こうしてホメオちゃんが気付かないうちに、少しずつ少しずつ新しい習慣をスタートすれば、楽々習慣化できるんです。そして習慣化すると、今度はホメオちゃんがそれを維持しようとしてくれるというわけ。

だから、時間がなくてどうしてもできない場合は、ホメオちゃんに気付かれないように全部やったふりをして、ちょっとやっただけで乗り切るということもありなんです。

手を抜いてでも、習慣を途切れさせないことが、ものごとを長続きさせる秘訣なのです。そのあとは、ホメオちゃんにその習慣を応援してもらい、こつこつと積み上げて、ドカンと夢を達成させるだけ。まずは、夢に向かって習慣化をね！

★ポイント★
上手にホメオちゃんをおだてて、だまして、
ハッピーに暮らしましょう♬

【ホメオスタシス｜Homeostasis】

神経科学の巨人と呼ばれている南カリフォルニア大学の脳・創造性研究所所長のアントニオ・ダマシオ教授は、著書『進化の意外な順序　感情、意識、創造性と文化の起源』の中で、ホメオスタシスが人の体や心に及ぼす影響から感情が生まれて、芸術や哲学、科学や宗教などの文化をもたらしたと書いています。僕ら人類は、自らのホメオスタシスによって生かされ、そしてコントロールされているのかもしれませんね。

9 失敗もまた楽しい！
不幸な成功者と幸せな成功者

人生の質ってとても大切ですよね。僕がニューヨークから戻って、なにもかもうまくいかず、困り果てていた時に出逢ったのが南カリフォルニア大学のジェロントロジー。その中で、幸せな人生について、とても意外な答えが出てきて驚いたんです。

多くのみなさんがそう感じているのではないかなと思うのですが、僕も大きな企業の社長さんや、不動産収入などがあり余るほどある大金持ちだったら、さぞかし幸せだろうなあと思っていました。でも、**南カリフォルニア大学のジェロントロジー学部ではお金があることを幸せの定義とはしていないのです。**

この考え方って、まだにわかに信じ難いかなと思います。**多くの人がそう思い込んでいることをステレオタイプ（固定観念）と呼ぶ**のですが、学べば学ぶほど、幸せと金銭的な成功とは別なのです。そして人生の質も、幸せな人生もお金では買えないんだなと、僕は思うようになったんです。

アメリカの心理学者アブラハム・マズロー博士が提唱した「マズローの5段階欲求説」ってご存じですか？　博士は、人の欲求を5段階に分けたのです。博士が晩年に追加した第6段階目も解説しますね。

▼第１段階：生理的欲求

食べたい・寝たい・トイレに行きたい・セックスしたい

▼第２段階：安全欲求

アブラハム・ハロルド・マズロー｜ Abraham Harold Maslow

精神病理の解明を目的とする精神分析と、人間と動物を区別しない行動主義心理学の間の、心の健康についての心理学を目指した人で、「人間性心理学の生みの親」と呼ばれています。

健康で安全安心に生きたい

▼第3段階：社会的欲求

家族や友人や仲間が欲しい

▼第4段階：尊厳欲求

他者に認められたい、尊敬されたい

▼第5段階：自己実現欲求

自分にしかできないことを成し遂げ、自分らしく生きたい

▼第6段階：超自己実現欲求

仲間や社会や地球のために貢献したい

マズローの分析をみると、お金はレベルが低い欲求実現のための道具に過ぎないことが分かると思います。だって家族や友達はお金では買えません。ましてや、尊敬されたり、自分らしい成功を得るなんて自分の努力次第ですから。

それに、社会が進化し成熟すると、多くのお人は「物欲はかっこ悪い」とか、「持ち物をひけらかすのは恥ずかしい」と思うようになるのだそうです。そうしてみると、お金や高級な物を持っていることこそが成功者で幸せというのは、隣の芝生が青く見えるようなもので、「成功者だから幸せ」という考え方はステレオタイプ（社会的固定観念）であることが分かると思います。

つまり、**不幸な成功者もいれば、幸せな成功者もいるし、逆に言えば、失敗しても幸せな人もいるし、失敗して不幸な人もいるということなので**す。世間には「お金持ちだから幸せで貧乏だから不幸」という短絡的な固定観念もはびこっていますよね。お金のことばかり気にしている人は、本当の仲間や幸せな家族関係をなくしますよ。できればお金に執着せずに、幸せな人生を送りたいものです。

実は、ニューヨークから戻ってきた僕は、そんな「成功しなければ幸せになれない」といった社会的固定観念に翻弄されていたのかもしれません。

だって、今はこうしてみなさんに僕の書いた本を読んでいただいて、とっても幸せですから。

↓↓↓そんなことより、第1章でも書いた、「自分にとって大切な人の笑顔を見ることが幸せ」と捉えて、大切な人の笑顔のために生きることを選ぶほうが幸せの近道ですよね。

そして、**お金持ちになることや、「成功だけを幸せの価値」と決めつけずに、失敗してもその失敗を楽しんで、挑戦を繰り返しましょう**。そのほうが、応援してくれる仲間も増えるし、周りからも応援や尊敬をされ、自己実現や超自己実現欲求は満たされるし、成功のチャンスも高まりますよ。それに、成功することだけではなく、自分らしく頑張ることがその人を魅力的に見せますし、人生を輝かせますよね。

そして**自分にとって大切な人の笑顔が見られるように、健康で楽しく美しく、生きたいもの**ですよね。

★ポイント★
幸せとは、成功やお金持ちになることではなく、大切な人の笑顔を見られるように生きること♬

【イースタリンの逆説｜Easterlin Paradox】

南カリフォルニア大学の経済学者リチャード・イースタリン教授が、1974年に『Easterlin Paradox』で、「日本は奇跡的な高度経済成長を遂げたにもかかわらず、国民の幸福度はほとんど変化がなかった」と発表。また「平成20年度国民生活白書」では、国民一人あたりのGDPが毎年右肩上がりに増えても、生活満足度はどんどん下がっていたのです。一方で、経済的にそれほど恵まれないブータンが「世界一幸せな国」として注目を集めたのはご存じですよね。

10 興奮しすぎは疲れちゃう！ ストレスからの卒業

「興奮しすぎて、めちゃ疲れちゃった」ってこと、ありますよね。これは人間の体を24時間調整してくれている自律神経のバランスが崩れているから起きるトラブルなんです。

この自律神経には、「交感神経」と「副交感神経」と呼ばれる2つの神経があるんです。

交感神経は、緊張している時の神経。一方、副交感神経は、リラックス

している時に機能しています。この2つの神経はシーソーのように適度にバランスしながら存在していて、起きている時は交感神経が主に、寝ている時は副交感神経が主に機能しているんです。

しかし、**人間は強いストレスを感じると、過剰な交感神経優位になります。これは臨戦モードや緊急事態モードと同じ状態**。身構えることで外敵などからのリスクを回避しようとしているわけですね。

動物は、強いストレスを感じると、いつでも戦ったり、全速力で逃げ出せるように脈拍を高めます。さらに戦いや逃げる時に怪我をしても出血を抑えるように、毛細血管を収縮させたり、血液をわざとドロドロにしたりしてしまうんです。手に汗を握るのも、猿類だったご先祖が飛び移った枝をしっかりと握るためなんです。

ですから、ドキドキするような怖い映画のシーンを食い入るように観ている人は鳥肌が立っていたり、血行が滞って手足が冷たくなっていたりしますよね。実はそんな時は、血液もド～ロドロになっているんですよ～。

交感神経｜Sympathetic nerve

交感神経は、興奮を全身のさまざまな器官に伝える神経。脊髄と各器官などをつないでいます。この交感神経の情報伝達に関与する神経伝達物質として、ノルアドレナリンが有名です。

そんな怖い映画を観たり、責任の重い仕事や、慣れないプレゼンテーションや、大きなイベントなどの後に興奮して眠れないのは、交感神経優位の状態が続いているから。

この興奮状態を落ち着かせる最も手っ取り早い方法が、お酒を飲んだり、お腹をいっぱいにすること。たくさん食べると内臓に血液が集まって、副交感神経優位になり眠くなります。とくにカロリーが高い食物や、甘〜いものが手っ取り早いですね。

でも、お酒に頼りすぎるとアル中になっちゃうかも！　それに、寝る前にお腹いっぱい食べちゃうと内臓に良くないし、せっかくダイエットしても、これではすぐに太っちゃいますよね。

しかし、食べなくても副交感神経優位になる方法はたくさんあるんです。

↓↓↓いくつか交感神経優位を抑えて、ストレスを軽減するノウハウを挙げますね〜。

▼強いストレスを感じない生活を心がける

十分に睡眠をとって、身体的なストレスを解放して、良好な健康状態を保つことでいろいろなストレスに対する耐性を強化しておくこと。そして、日頃から蓄積しがちなストレスを排除してご機嫌な気分を維持しておくこと。そして、自分自身に休息を与えること。

▼自分自身がご機嫌になることをする

好きな香りを楽しんだり、音楽を聴いたり、ギターを弾いたり、歌ったり、温泉に入ったり、コーヒーを淹れたり、お気に入りのミッキーマウスのTシャツを着たり。

▼軽い運動も効果的

散歩したり、ジョギングなどの軽い運動も効果的。

▼自然やペットや恋人との触れ合い

恋人やペットがいなければ抱き枕でも大丈夫です。家族の声を電話などで聞くだけでもストレスは軽減されます。

▼ヨガやマインドフルネス

ストレスを軽減するストレッチやヨガやマインドフルネス瞑想（92ページ参照）やピラティスなどが注目されています。

▼限界を認めること

誰にでも限界はあります。無理なことを止めるのも大切な判断です。

自分自身の気分や状態や身体の状況を理解して、意識的に「交感神経」と「副交感神経」のシーソーをバランスさせることができれば、無駄にストレスのダメージを受けない健康的な生活ができるし、ドカ食いして太ったり激ヤセしたりしなくなるのです。

でも分かっちゃいるけど、ついつい食べちゃうんですけどね～♬

★ポイント★
ストレスを溜めない生活を心がけて、交感神経優位から卒業しましょう♬

【ストレス｜Stress】

ジェロントロジーでストレスは、老化の大きな要因として扱われています。ストレスは、健康維持や精神的な安定にもマイナス要因です。南カリフォルニア大学ジェロントロジー学部の授業でも度々ストレスの問題が取り上げられます。とくに、持続的にストレスを感じ続けることに警鐘を鳴らしています。健康で楽しく毎日を生きるためにストレスをどうマネジメントするのか深掘りして人生の達人になりたいものですね。

ハッピーポイントまとめ②

Let's try to collect happy points!

★ポイント7

自分だけが幸せになるのではなく、自分の大切な人や周りの人が、笑顔でハッピーになるように生きましょう♬

★ポイント8

上手にホメオちゃんをおだててだまして、ハッピーに暮らそう♬

★ポイント9

幸せとは、成功やお金持ちになることではなく、大切な人の笑顔を見られるように生きること♬

★ポイント10

ストレスを溜めない生活を心がけて、交感神経優位から卒業しましょう♬

第３章

ハッピーにチャレンジ

11 新しいチャレンジで！ ブルーオーシャンに行こう

【人の通らない道を行く】

この言葉は、熱海で有名なホテルニューアカオや、アカオハーブガーデンなどのアカオリゾート公国を創り上げた、赤尾蔵之助氏の名言。ホテルは残念ながら老朽化とコロナ禍の影響で営業を停止しましたけどね。

この「人の通らない道を行く」は、マーケティング用語でいう「ブルーオーシャン」の見つけ方の極意ですな。

ブルーオーシャン｜ Blue ocean strategy

INSEAD（欧州経営大学院）教授のW・チャン・キムとレネ・モボルニュがビジネス書の中で述べている経営戦略論。価格破壊などが起きているレッドオーシャンに対し、競争のない理想的な未開拓市場をいいます。

みんながしないことをやってみる、みんなが考えないことを考えてみる。そんな**発想の転換や、創造性の高い選択や、チャレンジの先に、争いなどのない平和な青い海が広がっている**のです。

逆にみんなが同じビジネス展開をすると、市場を食い合い価格破壊や叩き合いなどの争いが起きる。これが「レッドオーシャン（赤い海＝血の海）」なのです。そんな過酷な状態より、爽やかなブルーオーシャンが良いに決まっていますよね。

赤尾蔵之助氏は、熱海の駅前に借金をして妻の実家の干物屋を立て直し、そこで儲けた資金を投じて、当時自殺の名所といわれていた、へんぴな断崖絶壁に旅館を建てたのです。

その断崖絶壁こそが文字通り、ブルーオーシャンだったのですね♬

今は、若い人たちのアイデアを活かし、インスタ映えする「天空のブランコ」や、全面ガラス張りで柱がない「小枝カフェ」をはじめ、いろいろな仕掛けを考えて大いにバズらせています。

↓↓↓でも、そんな発想はなかなかできない！と思っちゃいますよね。

第2章「**失敗もまた楽しい！不幸な成功者と幸せな成功者**」（60ページ）でも書きましたが、多くの人は常識というステレオタイプ（固定観念）にとらわれていて、自由な発想ができにくいのです。

常識だと思っていることを、「これってステレオタイプかも？」と疑ってみる。そして新しいことにチャレンジしてみる。そんな小さな一歩がブルーオーシャンに招いてくれるのです。

散歩をすると気分転換になりますよね。そんな散歩について南カリフォルニア大学大学院でスポーツ医学を学ばれた京都大学の森谷敏夫名誉教授は、「実験では、中程度の運動（早足で20分のウォーキングを週に3回程度）を継続している女性は、これより少ない女性よりも、うつ病の発症率が30％も低く、精神健康度が40％も高かった」とインタビューで話されています。

散歩などのリズミカルな運動をすると、「楽しい！　気持ちがいい！」と、快感を起こすドーパミンがたくさん出るんです。散歩でいろいろな風景に出逢ったり、日射しや風などを感じたりすることで、さらにドーパミンがあふれ出す。このドーパミンがきちんと出ている人は、創造的な発想や感情も豊かになるのです。

しかも、通勤などで歩くいつもの道を歩くのではなく、いつも違う道を歩くだけで脳内の血液の流量は増えるんです。つまり、新しい道を歩くとそれだけ刺激も多く、ドーパミンもたくさん出るんですね。そんな散歩道こそ、ブルーオーシャンへの近道かもしれませんね。

さらに、ドーパミンが出るとβエンドルフィンも出ます。βエンドルフィンは気分の高揚感、幸せ感が得られる神経伝達物質。βエンドルフィンが１回出ると、がん細胞を抑制してくれるＮＫ（ナチュラルキラー）細胞を30％以上も活性化するといわれています。つまり新しい体験で、**ドキドキ・**

ワクワクすると免疫力が高まるんですね！

平成時代にバブル経済がはじけて、日本経済は萎縮してしまいました。その大きな原因は、企業や社会全体がリスクを恐れてチャレンジをしなくなったから。バブルの痛手から、失敗しないために新しいことにチャレンジをしない社会が、なんと30年も続いたんです。

これでは進化や発展にブレーキを掛けたも同然。長らく新たなチャンスを見逃してきたんです。

ｉモードだって凄いアイデアだったのに、インターネットを携帯電話で使うというアイデアはiPhoneによってよりスムーズなものに進化して、ついにガラパゴス携帯はお株を取られてしまったというわけですね。

人の人生も同じです。怖がって、**新しいことから逃げ出せば停滞してしまいます。新たなことや夢にチャレンジして、ドキドキワクワクした毎日をスタートさせましょう！**　これぞ、楽しく生きるノウハウなんです。

★ポイント★
新しいことにチャレンジ。そしてドキドキワクワク過ごしてドーパミンを出して、健康な毎日を♬

【チャレンジ｜Challenge】

南カリフォルニア大学ジェロントロジー学部のエリザベス・ゼリンスキー博士の研究では、16年前の75歳と研究時の75歳とを比べた結果、知能テストで研究時の75歳のほうが昔の75歳よりはるかに成績がよいことが分かったそうです。つまり、少なくともアメリカ国内では健康年齢が伸びているだけではなく、75歳の知力は高まっているということ。人生百年時代が到来します。みなさんもどんどん新しいことに挑戦する習慣を身につけて、健康寿命を伸ばしてくださいね。

12 楽しくお仕事！ハッピー倍増計画

人間って、お猿さんの時代から群れで生きてきました。だから、人という群れの中での自分の評価ってとても大きな価値なんです。

仮に群れの中で評価されなければ、群れから追い出されて野垂れ死にしてしまうかもしれません。逆に評価されれば、仲間から慕われて、家族や多くの子孫に恵まれて種を保存し続けることができるのです。

だから前述したマズローの5大欲求などのように、社会の中で評価されたり尊敬を集めたりすることが、人間の欲望の中でも「高度な欲求」ということになるのですね。

そんな歴史の中で、**人は社会の中で感謝されると、達成感を覚えて幸福感を得ることができるように進化してきている**んです。その達成感は脳内麻薬ともいわれるドーパミンやβエンドルフィンが分泌されることで得られます。

現代、多くの人は仕事をして社会生活を営む資金を得ています。お給料をもらって生きている人は、起きている時間の半分以上を通勤や仕事に費やしているかもしれません。経営者の方々やフリーランサーに至っては、生活時間のほとんどを仕事に費やしているという人もいるのです。

コロナ禍でも、働く時間とプライベートな時間の区切りが曖昧になり、四六時中働いていると感じた人も、少なからずいたようです。

そんな長時間、時には人生の大部分を費やしている仕事が、嫌で嫌で仕方がないという人もたくさんいます。それって、とても不幸ですよね。

βエンドルフィン｜Beta-endorphin

脳内で働く神経伝達物質の一種で、鎮痛効果や気分の高揚・幸福感などが得られるため、脳内麻薬とも呼ばれています。

↓↓↓楽しく生きるために仕事の問題は避けては通れませんよね。**いやいやしている仕事を楽しくご機嫌なものにできたなら、人生の半分程度かそれ以上は楽しくなる**のですから♬

仕事をご機嫌な時間にするには、お客さまの「ありがとう」や感謝の笑顔を集めることです。お客さまは、それぞれの仕事によって違うかもしれません。でも、お客さまが笑顔になる仕事ができれば、仕事もうまくいきます。そして、「ありがとう」という声に達成感が得られて、ドーパミンがあふれて、ハッピー倍増、幸せな気持ちに包まれますよ。

ちなみに、僕のお客さまは、読者のみなさま。この本を読んでくれた人が、なにかの参考になったり、幸せになってくれたり、そんなご連絡をいただければ、僕はドーパミンがあふれて、βエンドルフィンもどんどん分泌されて、がん細胞を抑制してくれるＮＫ細胞が30％以上も活性化されるのです。

先にお礼を言っちゃう♬　ありがとうございます！

幸福感の効能｜ Efficacy of happiness

南カリフォルニア大学大学院博士課程を修了した京都大学の森谷敏夫名誉教授によると、ドーパミンによりβエンドルフィンが一回出ると、がん細胞を抑制してくれるＮＫ細胞の活性が30％以上も上がるそうです。

★ポイント★
仕事を「嫌なもの」とか、「仕方なくやっていること」と捉えると、人生の半分近く損をしていることになります♬

【仕事｜Jobs】

日本社会では、定年退職後の人生を「老後」と考えてしまう人が多いといわれています。このように仕事を一時期の宮仕えのように捉えるのではなく、もっと長期的なスパンで人生を捉え直すことで、前向きに楽しんで生きていけるのです。だからこそ、ジェロントロジーは「若い人にこそ知ってほしい学問」と南カリフォルニア大学と提携した山野学苑の山野正義総長は語っています。

13

ご機嫌な毎日を！
ストレス溜めずに貯金ためて

苦手な人との仕事って、とかくストレスが溜まりやすいですよねぇ。**そんなストレスの原因を「ストレッサー」**って呼ぶんです。そして、ストレスを溜めすぎて倒れた時は、「ストレッチャー」で運ばれるんですねぇ。まぁ、倒れるほどストレスを溜めずに、できれば老後資金を貯めたいものですけど〜w。

↓↓↓そんなストレスを溜めない秘訣を少し。

心や身体に悪いのが、慢性的なストレス。病気や老化の原因にもなるんです。ストレスのせいで「神経が昂っている」なんていうことがありますよね。そんなイライラやドキドキが止まらない状態を、「交感神経優位」というんですねぇ。

人は、自律神経と呼ばれる交感神経と副交感神経がアクセルとブレーキのようにバランスを取り合って、朝起きたり、体温や血圧を管理したり、夜眠りについたりしているんです。つまり自律神経のおかげで人は生きているんです。

ストレスが続いてしまうと、このバランスが乱れて、交感神経優位のままになって眠れなかったりパニック障害を引き起こしたり、逆に副交感神経優位のままになってうつ病を発症したり、長く続くと自律神経失調症などのややこしい状態になっちゃうんです。

そんな交感神経優位な状態を落ち着かせたり、眠い身体を覚まして、心

ストレッサー｜Stressor

医学や心理学の領域では、心や身体にかかる外部からの刺激を「ストレッサー」といい、このストレッサーに適応しようとして、心や身体に生じたさまざまな反応を「ストレス反応」といいます。

地よくご機嫌な一日を過ごすテクニックの一つがアロマセラピー。
これ、奥が深くてめっちゃ効き目があるんですよ。

たとえば、自分に合ったタイミングであれば、コーヒー豆の袋に鼻を突っ込むだけでも、レモンの断面を嗅ぐだけでも、大きな効果が期待できるんですよ～。

もし、**交感神経優位で眠れない時は、ラベンダーのエッセンシャルオイルを1滴ティッシュに垂らして枕元に置くと質の高い眠りが得られるそうです**。逆に朝ぼんやりとして目が覚めない時は、レモンの香りを嗅いだり、ジンジャーのエッセンシャルオイルを1滴垂らしたお湯に足を浸すだけで、交感神経が刺激されてやる気が出てくるそうですよ。

ハーブティーを飲むのも立派なアロマセラピー。街の紅茶専門店や、評価の書かれた通販サイトなどで、自分が落ち着きそうなハーブティーや、元気が出そうなハーブティーを探すのも楽しいですよ♬

★ポイント★
自律神経のバランスを調整できるアロマセラピーで楽しく生きましょう♬

【ストレス耐性｜Stress tolerance】

南カリフォルニア大学のスコット・ウィルトーマス博士らの研究で、胸を張って背筋を伸ばした姿勢でいる人は、猫背で前かがみな姿勢の人よりも、痛みやストレスに耐えられることが分かりました。ストレスに対して心理面では、やる気の低下、イライラ、不安、気分の落ち込み、興味や関心の低下。身体面では、頭痛、肩こり、腰痛、目の疲れ、動悸や息切れ、胃痛、食欲低下、便秘や下痢、不眠。また行動面では、飲酒量の増加、仕事でのミスや事故の増加などが起きます。せめて胸を張って、ストレス耐性を高めたいですね。

14

急速に休息を！アクティブレストでね

毎日デスクワークをしていると、脳は疲れているが身体は運動不足という状態になりがちですよね。

デスクワークが続くと目が疲れ、姿勢が悪いと首周りや肩が凝ってしまい身体の疲れを感じます。ですから、休日は身体を動かさないでだらだら休むという方も多いのではないでしょうか。

この動かない休息を「パッシブレスト」、適度な運動を伴う休息を「ア

クティブレスト」と呼びます。

長時間座って仕事を続けていると、呼吸も浅くなりますし、いろいろなストレスが溜まって作業効率は徐々に下がります。また、座る姿勢が悪いと腰椎を痛めます。椅子に身体を預けて長時間座っていると、身体を芯で支えているコアマッスルを退化させてしまうのです。退化ですよ！

もし椅子から立ち上がるたびに「よいしょ〜」なんて掛け声が必要だったり、よろけたり、立ってから歩行や腰に違和感を覚える方は**腰**注意。いや、腰に要注意。腰椎圧迫や椎間板ヘルニアはめちゃ痛いですよ!!

腰を痛めないためには、椅子に深く座らず浅く腰掛け、背筋を伸ばして仕事をしましょう。そして腰椎に負担が溜まるので、脚は組まない。もし、足を組みたい時は椅子の上にあぐらをかく。30分ごとに立ち上がり、深呼吸をしたり、少しでも歩いたり、ストレッチなどをすることを習慣付けすると良いでしょう。

とくに腰痛で悩んでいる方は、早めに専門医にかかり、ひどい事態になる前に、予防のためのリハビリテーションや、体幹を鍛えるピラティスやストレッチなどを、アクティブレストとして取り入れてください。

↓↓↓ストレスが溜まり気味だなあと感じる人には、身体を動かすアクティブレストがおすすめです。

デスクワークの合間や休日には、散歩や軽いジョギングやサイクリングなどのアクティブレストで、体を動かし血行を促進するのもケッコウでしょう。

また、**アクティブレストに、入浴、ショッピング、お料理、お掃除や模様替えなどの日常の作業も効果的**です。日頃デスクワークのあなた、休日だから動かないと決めつけて、ごろごろするのは逆効果なんですよ。たまの休日は、積極的に体を動かすことで身も心もスッキリ・さっぱりしたいものですね♬

★ポイント★
ストレスが溜まったら、アクティブレストで発散しましょう♬

【運動の効能｜Efficacy of exercise】

南カリフォルニア大学大学院博士課程を修了した京都大学の森谷敏夫名誉教授は「運動すると脳が筋肉に指令を出し、血圧や呼吸数を上げ、心臓が速く打ち、通常の３倍近い血液を流し、体温も上がり、筋肉を動かせば脳由来神経栄養因子（BDNF）というタンパク質が生成され認知症の予防にもなります。また、動物は敵もなくリラックスしていると、来るべき飢餓に備えて食べてしまうことがある程度明らかになっています」と語っています。つまり、緊張感がないと動物も人も太りやすいということですね。

15 迷走してないで！マインドフルネス瞑想を

「私っていったいなにやってるんだろう」と、ものごとがうまくいかない時や、失敗をした時に、どうしようもない後悔の念にさいなまれて、くよくよ悩んだり落ち込んだりすることはありませんか？

どんな偉い人でも、生きている限りミスを犯します。相手がいる仕事などでは、その相手のことを思いやったつもりでも十分に理解できていなくて不愉快な気持ちにしてしまったり、ちょっとした行き違いで揉めてしまったり、信用をなくしたり、上司にクレームを入れられたなんてことも痛いですよね。

もちろん慎重な人とオッチョコチョイな人のミスの数は雲泥の差でしょうけど。どんな人でも、そんな痛いミスをしでかしたら、**ミスに落ち込んでいないで、「どうやったら同じミスをしなくてすむのか」**と、**ポジティブに反省をしたいものですね。**

ところで、世界中の有名企業やスポーツのメンタルトレーニングでも採用されているというマインドフルネス瞑想ってご存じ？

マインドフルネス瞑想は、「集中力アップ」「ストレス軽減」「自律神経回復」「睡眠の質の向上」などの効果が科学的に実証されています。アメリカではGoogleをはじめfacebookやIntelなどのIT企業や、一般の企業や政府機関の研修でも取り入れられています。ケアレスミスの多い人は、仕事の前にこのマインドフルネス瞑想を取り入れてみてはいかが？　集中力が高まったらケアレスミスは減らせると思いますよぉ〜。

マインドフルネス瞑想｜ Mindfulness meditation

マインドフルネス瞑想には、脳を活性化させてポジティブでクリエイティビティの高い発想を生み、ストレスを溜まりにくくして、仕事のパフォーマンスを上げる効果があります。

人は、社会との関わりや飛び込んでくる情報からいろいろなストレスを感じています。また、無意識下の脳でも実は細かく多くのストレスを受けているのです。そして、**爆発的に情報量が増えている現代では、そのストレスはますます増加しているん**です。

強いストレスや継続するストレスや不安感などは、前頭前野と海馬の間で無用なフィードバックを起こしています。

このフィードバックが続くと、同じことを何度も思い出して無性に腹が立ったり、くよくよしたりします。これは、脳の1か所にフィードバックが続くことで、脳がショートして脳神経繊維を太らせて伝搬物質の往来をさらに助けてしまうからです。さらには、海馬を萎縮させて記憶障害などの各種障害を起こすことさえあるのです。

ですから、すでに「しでかしちゃった」ことに**くよくよしたり、強いストレスを感じたら、ダメージを最小限にするために、なるべく早くストレスの原因になるストレッサーを忘れたいものですよ**ね。だって、それは過ぎてしまったことなんですからスパッと忘れるのがいちばんなんです。

↓↓↓でも、それがなかなかできないんですよね〜。

そんな時にも、このマインドフルネス瞑想が役立ちます。

マインドフルネス瞑想とは、「いまここ」にいる自分を、呼吸などに集中することで、ただ見つめる瞑想方法です。

過去の失敗や将来の心配もストレスの原因であるストレッサーになるのです。しかし、それらに気を病んでしまい、「心ここにあらず」の状態が不安やストレスを増幅させているのです。ストレスが溜まっていると、そんなことにも、なかなか気付けないものです。

このマインドフルネス瞑想は、瞑想を科学的に分析して生活に活かそうとした瞑想方法。ですから、瞑想の初心者でも、一般の企業などでも取り入れやすいように、かんたんで馴染みやすく、宗教的な因子などは取り除かれています。

マインドフルネス｜Mindfulness

医療としてのマインドフルネスは、禅を学んだアメリカ人分子生物学者のジョン・カバット・ジンが1979年にマサチューセッツ大学で、仏教色を排し現代的にアレンジしたマインドフルネス・ストレス低減法を始めたことが発端になっています。

まずは**座って、お尻の穴を真下に向け、背筋を伸ばして胸を張り、目を軽く閉じます。そして、ゆったりと呼吸などに意識を集中します。**ストレスをスッキリ晴らしたい時は、自分が呼吸のたびに大きくなって、頭が雲の上の青空に飛び出した様子をイメージしてみましょう。

ヨガやピラティスなどでも身体の動きに意識を集中することで、集中度が高まりますが、同様の効果が期待できます。やりかたは、YouTube などで検索すれば、参考になる映像がすぐに見つかると思いますので、ぜひチャレンジしてみてください。

熟達すると瞑想時間の長さではなく瞑想の質の高さで、同様の効果を得ることができるようになります。時間の長さや、瞑想する場所も、どこでもかまわないのです。

つまり、私のような上級者ともなれば、ソファに座った瞬間や、温泉の湯船や、ワインバーでさえも瞑想の場となるのです。どこでも瞑想バーですな。あはは。

★ポイント★
マインドフルネス瞑想で迷走する心を落ち着かせて集中力を高め、ストレスを減らしましょう♬

【睡眠障害｜Sleeping disorder】

南カリフォルニア大学ロサンゼルス校のデイビッド・S・ブラック博士の研究チームは、睡眠障害を抱える患者にストレスへの対処法やリラックスの仕方、心を静める呼吸法などを講習しました。一部のマインドフルネス瞑想を行うグループには就眠前に毎日20分の瞑想を行ってもらい、6週間のプログラム後に睡眠の質を調べたところ、「マインドフルネス瞑想を行ったグループは、睡眠の質がより改善していました」としています。

ハッピーポイントまとめ③
Let's try to collect happy points!

★ポイント 11
新しいことにチャレンジ。そしてドキドキワクワク過ごしてドーパミンを出して、健康な毎日を♬

★ポイント 12
仕事を「嫌なもの」とか、「仕方なくやっていること」と捉えると、人生の半分近く損をしていることになります♬

★ポイント 13
自律神経のバランスを調整できるアロマセラピーで楽しく生きましょう♬

★ポイント 14
ストレスが溜まったら、アクティブレストで発散しましょう♬

★ポイント 15
マインドフルネス瞑想で迷走する心を落ち着かせて集中力を高め、ストレスを減らしましょう♬

第４章

健康で若々しくね！

16 楽しくご機嫌に！美しさを見直そう

いつでもいつまでも美しくありたいと願うのは、男女問わず万人の願いですよね。

しかし、美しいとはいったいどんなことをいうのでしょうか？　顔立ちが整っていることをいうのでしょうか？　それとも個性的に磨かれた価値のある美しさをいうのでしょうか？　それとも、自然体で生きていることをいうのでしょうか？

南カリフォルニア大学ジェロントロジー学部でいう美しさの基準は、「若さ」「健康」「自立」なんです。この若さとは、単に年齢のことではなく、若々しい気持ちのこと。そして、自立とは、自分自身をしっかりと持っているということ。そしてこの３つの要素の中で最も大切なのは、もちろん健康であることなんです。健康でなければ、若さも維持できませんし、精神的にも肉体的にも自立することはできませんからね。ですから、まずは健康的であることが美しさの基準なんですね〜。

では、**あなたがいつまでも美しくあるために持たなければならない要素とはなんでしょうか？　それは「気持ちと姿勢」**です。要するに、自分自身がいつまでも美しくいたいという気持ちと姿勢があれば、いつまでも美しくいられるということなんですね。

僕の講演で毎回お見せしている、数枚の写真があります。その写真には、

美しさの基準｜Beauty standards

文化や価値観で美しさの基準は大きく変わります。太っていることや、やたらと首が長い人が美しいとされる国もあります。しかし、その基点には健康が欠かせません。まずは健康美を磨きたいですね。

一人で地上の不幸をすべて背負ったようにも見える深いシワのおばあさんと、知性と幸せが表情にあふれて輝いて見える女性が写っています。深いシワのおばあさんは地味な洋服を着て、どこか辛そうな表情にも見えます。輝いて見える女性は明るくハツラツとしています。

どう見ても、輝いている女性のほうが若くておきれいです。辛そうなおばあさんには、お世辞にも魅力を感じることができません。

実は辛そうな方は60代、輝いて見える方は80代なのです。こうしてみると、美しさや若々しさは年齢とは関係なく、人生をどう生きているのか、どう捉えているのかで決まるのではないかと思えるのです。

山野学苑の創業者、山野愛子は「生きるほどに美しく」と唱えました。年老いた人は美しくないというのはエイジズムであり偏見です。

美しくあり続けるためには、人生を辛くネガティブなものとして捉えるのではなく、**どんなこともポジティブに捉えて、楽しくご機嫌に生きたい**ものですね。

★ポイント★
美しくなるためには、年齢などにかまわず
ポジティブに人生を楽しみましょう♬

【エイジズム｜Ageism】

2014年から2016年の25の映画の最優秀作品賞候補を調べた南カリフォルニア大学の調査では、60歳以上の俳優の78％が男性で、女性はわずか12％（10％はその他のセクシャル）でした。これは、高齢な女性に対する年齢差別が起きていることを表している数字です。この年齢差別を「エイジズム」といいます。この結果には、性差別、高齢者差別、老人蔑視も含まれます。アメリカでは年齢で就労差別が起きないように履歴書などに年齢を書き込むスペースがありません。また定年制度も撤廃されました。

17 スマートに生きよう！ ダイエットでリッチに

僕らの周りには、何千年もの歴史の中で品種改良が進んで栄養価がとても高かったり、吸収しやすかったりする食物がたくさんあります。

小麦や牛や豚や鶏や卵や牛乳や白砂糖や食用油なども、人類が長年かけて品種改良を加えたり、製造方法を工夫して作ってきたもの。栄養が不足している人には大切な食品ですが、**多くの現代人は、それらを過剰に摂取して相対的に太っています。**

アメリカでは、３割以上が肥満で過体重。「10年後には5割以上が肥満になる」と予測する研究も発表されています。

ボリビアなどでは、アメリカの食文化、とくにハンバーガーなどの肉食や甘い飲料がファストフード店などとともに浸透したことで、なんと４割以上の国民が肥満。俗に言う成人病も増えています。

成人病は、加齢とともに発症・進行すると考えられていましたが、**近年では若年層の成人病も増え続けていて「成人病」ではなく「生活習慣病」と言い換えられています。**

温泉で周りを見回してみても、ホッとするくらいみなさん、太っていらっしゃる。でも、「じゃあ私は大丈夫♬」と安心していてはいけませんよ～！

一見、痩せているように見えるのに内臓脂肪が蓄積している隠れ肥満にもご注意を。もっとも怖いのは、太り過ぎや隠れ肥満で生活習慣病になることなんです。

この**生活習慣病の主な原因は高カロリーな食事だけでなく、運動不足・**

喫煙・飲酒・ストレスなどもあります。生活習慣病には、高血圧、動脈硬化、糖尿病、脳卒中、心筋梗塞など、「**致命的な病気**」がとても多いのです。ですから、健康に暮らすためにはそれら生活習慣病の要因をなくすことが大切。とくに、食事は人の健康を支えるものなので、十分に気をつけたいものですね。

ところが最近は、**腹七分目の食生活を続ければ健康寿命を延ばせる**といわれています。摂取カロリーを25%ほど減らすと、眠っていたサーチュイン遺伝子（長寿遺伝子）が活性化して、老化要因を抑えてくれるという研究が進んでいるのです。

このサーチュイン遺伝子が活性化すると、細胞内のミトコンドリアが増えて、細胞内の異常なタンパク質や古くなったミトコンドリアが除去される、オートファジー（自食作用）という機構が働き、細胞を若返らせるというのです。

オートファジーの結果、細胞を傷つける活性酸素の除去、細胞の修復、

サーチュイン遺伝子｜ Sirtuin gene

マサチューセッツ工科大学のレオナルド・ガレンテ教授と当時博士研究員だった現ワシントン大学医学部発生生物学部の今井眞一郎教授による研究発表を科学誌「ネイチャー」が掲載して注目を集めました。サーチュイン遺伝子は、「長寿遺伝子」や「抗老化遺伝子」とも呼ばれています。

脂肪の燃焼、シミやシワの防止、動脈硬化や糖尿病の予防、認知症などさまざまな老化予防ができるそうです。さらに、**人体の健康度を示す指標のほとんどが改善する**ともいわれています。これって、良いことずくめですよね！

そこで、サーチュイン遺伝子を活性化させる方法をいくつかお教えしますね。ご自分のライフスタイルなどに合う無理のない方法を見つけてくださいさい。ただし、過度なダイエットは健康を害す可能性がありますので、決して無理はしないでくださいね。過度に太っている場合や、太っていることが気になって眠れないなどという場合は、専門医に相談することをお勧めします。

▼食事や食材を見直して、摂取カロリーを25％減らす

蕎麦、豆腐、納豆などの食品。タマネギ、ルコラ、トマト、パセリ、セロリなどの野菜、オレンジ、グレープフルーツ、イチゴ、リンゴ、バナナなどの果物、赤ワイン、ブラックコーヒー、緑茶、抹茶などの飲料を中心にした「サートフード」と呼ばれる食材を食べるダイエット方法なども効果が期待できるかもしれません。

▼週に1度程度、食事をしない時間を16時間作る

このとき必ず水分摂取は続けてください。

▼医師などの指導の下で安全なファスティングを行う

自己流のファスティングは危険が伴いますので避けましょう。

ご機嫌でリッチな毎日を過ごすには、健康な体づくりが必要です。そのためには根底から食生活を見直して、無理のないダイエットでサーチュイン遺伝子を発動させて、健康的なボディーをイメージして適度な運動にも取り組みましょうね！若々しさは美しさの基準。そして健康や精神的な自立は、美しさを支えますから♬

★ポイント★
ダイエットで、生活習慣病にもさようなら。
健康な身体を手に入れましょう♬

【ファスティング｜Fasting】

南カリフォルニア大学長寿研究所のヴァルテル・ロンゴ教授らの研究によると、6か月ごとの2〜4日間のファスティング（断食）で老化や腫瘍の成長リスクと関係する酵素が減少したそうです。教授は「断食が幹細胞を活性化させられることを発見した。幹細胞は、免疫細胞を再生し、化学療法によって起きる免疫抑制の防止が可能になるようで、マウスにおいては、免疫系を若返らせられるようになる」とコメントしています。

18

健康の秘訣！
睡眠を見直そう

最近は寝る前にスマホを見たり、タブレットで映画やドラマを観る人が増えています。え、あなたも毎晩 Netflix で連続ドラマを観続けているって？　やばいですねぇ〜！

なにがやばいかというと、実は**スマホなどの画面から出ているブルーライトが質のよい睡眠に不可欠な「メラトニン」というホルモンの分泌を減らして、見続けているうちに眠気を弱める**のです。このおかげで、知らず知らずに睡眠の質が下がっていたり、寝付きにくいなどといった睡眠障害予備軍が増えているのです。一度、流行りの睡眠トラッカーでご自分の睡眠の質を調べてみては？

睡眠の質を下げるものには、不快感を感じさせる室温や、外の車や電車などの通過音や隣室からの話し声や物音など枕元まで届く騒音などがあります。また、日中のストレスで自律神経のバランスを崩してしまうと、眠ろうとしても交感神経が活発に働いてしまって寝付けなかったり睡眠の質を下げてしまいます。

目を閉じると憎い課長の顔が現れたり、仕事でくたくたになる夢を見たりしていません？　また、頻尿で何度も目が覚めてしまうという人も。

↓↓↓そんな眠れないあなたに次の方法で質の高い眠りを！

▼朝は定時に起き、窓を開け日光を取り入れる

▼散歩やジョギングなどの適度な運動を心がける

睡眠トラッカー｜Sleep tracker

睡眠の状態をトラッキングして調べてくれる「睡眠トラッカー」が各種販売されています。睡眠の状態に合わせて起こしてくれるもの、誘眠効果のある香りを発するもの、音楽で眠りに誘うものなどもあります。

▼炭水化物、脂質、タンパク質等のバランス良い食事を心がける
▼夕食以降のカフェイン摂取や過度の飲酒を避ける
▼就眠の1、2時間前にお風呂などで身体を温める
▼寝室の暗さや静けさや快適な温度などを確保する
▼頻尿で何度も目覚めないようにする

＊頻尿の要因には、冬場汗をかかないので頻尿になる、体が冷えたりストレスによって自律神経が乱れている、加齢とともに膀胱の柔軟さが落ちたり骨盤底筋群の筋力低下などによるもの以外に、膀胱や尿道にまつわる次のような病気が考えられます。恥ずかしがらずに医師に相談を！もし病気だったら早めに治療ができるのですからラッキーです。頻尿に関係する病気は、過活動膀胱、前立腺肥大症、糖尿病、膀胱炎や前立腺炎などの尿路感染、子宮筋腫などによる膀胱の圧迫などが考えられます。

質の高い睡眠は美容の強い味方。自分自身の睡眠の質についてしっかり考えることは若々しさを保つための第一歩ですよ〜。

★ポイント★
美しくなるためには、質の高い睡眠の習慣を身につけましょう♬

【入浴と睡眠｜Bathing and sleeping】

テキサス大学の生物医学研究者と南カリフォルニア大学の研究者チームは、就眠の90分前に40〜42℃のお風呂に入ると眠りに落ちるスピードが平均10分速くなることを発見しました。温かい風呂やシャワーが、体の体温調節システムに刺激を与えて、体の芯から末梢血管まで全身の血流を劇的に良くするため、就眠時に効率的に体の熱を取り去って体温を下げるそうです。

19 ふていの輩(やから)は成敗！不定愁訴にさようなら

「朝からなんだか調子が悪い」という人、多くないですか〜。

調子の良し悪しには、いろいろな原因があります。でも、その不調が何日も続くようでしたら、その**調子の悪さに潜んでいる病気などもありますから、おざなりにしないでくださいね。**

そんな調子の悪さの代表格が「**不定愁訴(ふていしゅうそ)**」。

一般的にいわれる不定愁訴とは、原因は分からないんだけど、なんだか調子が悪い状態が続くとか、元気が出ない。なんとなく疲れる。でも病気じゃない。**「なんとなくずうっと体調が優れません、休ませて隊長！」といった状態**をいうんです。**漢方でいう「未病」という領域**ですね。

不定愁訴の症状としては、カラダの慢性的なだるさや、全身にあらわれる身体的な不調や、イライラする、気分が落ち込む、やる気が出ない、眠れないなどの精神的な不調などがあります。この不定愁訴の多くは、心身のストレス、不規則な生活習慣、食生活の乱れ、ホルモンバランスの乱れなどが要因だといわれています。

ストレスや乱れた生活習慣や栄養の偏りなどから、自律神経のバランスが崩れると、内臓や、血管、呼吸、体温など、さまざまな体の機能が調節できなくなるのです。

ストレスが続くと、唾液が減って消化されない食品が腸内環境を悪くして、健康のバランスを崩すこともあります。腸内環境が悪化すると便秘や下痢などといった症状だけでなく、精神状態も優れなくなり、時にはうつ病になることもあるのです。腸は第２の脳と呼ばれているほど、精神状態

未病｜ Mibyou

日本未病学会では、「未病には自覚症状はないが検査で異常が見られる西洋医学的未病と、自覚症状はあるが検査では異常がない東洋医学的未病がある」と定義しています。いずれも健康に向けて改善すべきものです。

にも大きな影響を与えているのです。また、食生活の乱れが原因で、栄養が偏っていたり不足していることも不定愁訴の原因になります。

↓↓↓そんな不定愁訴を疑うあなたに朗報です！

「不定愁訴」の多くが、首の筋肉の緊張を緩和させることで治癒することが分かったと、東京脳神経センターの研究グループが臨床研究の成果を発表しています！　もし、首周りにコリを感じる方は、深い呼吸をしながら首や肩を回すなどのストレッチや、マッサージなどで凝りをほぐしてみてください。血行を改善する軽い運動も良いですよね。もちろん、前述したように**ストレスや栄養の偏りや、隠れた大きな病気など、多くの原因が考えられるのが不定愁訴ですので、改善しない場合は早めに医師に相談してくださいね。**

健康で美しくいるために、不定愁訴をやっつけましょう～！

★ポイント★
「なんだか調子が悪い」という状態を放ったらかさないで♬

【座り続ける｜Keep sitting】
南カリフォルニア大学生物科学のデイビッド・レイチェン教授は、「自給自足の活動をするハッザ族の研究から、人は本来椅子に座る生活をしてきていないので椅子に座る時間を減らして身体を動かすよう心がけるべき」と言っています。テレワークなどで外出をせず、椅子に座り続ける生活は、2型糖尿病の発症や死亡といった健康リスクを高めますので、30分ごとに立ち上がって軽く運動をしたり、家事などで身体を動かすように意識して、原因不明な不定愁訴に陥らないようにしましょう。

ハッピーポイントまとめ④
Let's try to collect happy points!

★ポイント16
美しくなるためには、年齢などにかまわずポジティブに人生を楽しみましょう♬

★ポイント17
ダイエットで、生活習慣病にもさようなら。健康な体を手に入れましょう♬

★ポイント18
美しくなるためには、質の高い睡眠の習慣を身につけましょう♬

★ポイント19
「なんだか調子が悪い」という状態を放ったらかさないで♬

第5章

きれいになって愉快に

20 汚腸を磨いて！ ちょう美しく

美しい腸を「美腸」、汚れた腸を「汚腸」といいます。きれいな腸の人は健康で美肌です。なるほど！　では、腸が汚れているご婦人は汚腸婦人ですね！

マガジンハウスの「クロワッサン」をはじめ、多くの女性誌や健康雑誌で特集が組まれて、日本での腸の関心はとても高まりましたよね。そんなブームを牽引してきたのが小林弘幸教授と、奥さまの小林暁子先生。小林弘幸先生は順天堂大学医学部教授で、テレビ番組「世界一受けたい授業」の常連講師もなさっているイケメン先生。小林暁子先生は、小林メディカルクリニック東京の超美人院長さん。なかなかレジェンドなご夫妻ですよね。

どうもミーハーな僕は、そんなレジェンドさんたちがついつい気になっちゃうんです。がしかし、問題は腸をきれいにして美しく健康になる方法でしたよね。

↓↓↓え、「腸がきれいになると美しく健康的になれるんですか?·」って。

そうですね。腸は超大切な臓器。**腸を磨けば健康にも輝くようなお肌にも、ポジティブな精神状態にもなれるかも、**ですよ～。

実は、人間の祖先の祖先のそのまたず～と昔。まだ単細胞の原始的な生物だった頃に最初にできた内臓器官が腸だったのです。その頃は、腸でいろいろなものを感じたり判断したりしていたんですね。つまり生物に最初

ターンオーバー｜Turnover

ターンオーバーとは、皮膚組織の一番上の表皮で起こる細胞の生まれ変わりのこと。健康な肌は正常なターンオーバーを繰り返して身体の内部組織を守っているんです。

にできた第一の脳、それは腸だったんです。ですから、腸は脳の代わりに身体の状況を察知して、各種ホルモンを分泌して身体や感情をコントロールしているんです。そして腸と脳の連係プレーは、今も人の生活を支えているんですよ。

そんな腸は今や進化に進化を繰り返して、日本人の腸の全長は約7〜9m。小腸だけでも、広げるとテニスコート1面分もの広さがあるんです。腸だけに最腸（長）の臓器なんですね。そして「免疫細胞」の70％が集中しているのも腸。もちろん、胃で溶かされた食べ物を消化液でさらに分解し、栄養素を体内に吸収して血液に乗せるのも腸の役割。こりゃまた腸凄い！

腸の健康維持には、腸内フローラ環境を整えることが大切。そのためには、腸に良いものを摂り、腸に悪いものを控えましょう。

▼腸に良い食品

善玉菌のエサとなる食物繊維や納豆やぬか漬けやお豆腐やチーズな

どの発酵食品など。水溶性食物繊維を含むリンゴ、キウイ、イチゴ、わかめ、アボカド、ニンジン、大根など。不溶性食物繊維を多く含む玄米、おから、シリアル、タケノコ、レンコン、さつまいも、きのこなど。オリゴ糖を含む大豆、ゴボウ、タマネギ、ニンニク、バナナなどが良いといわれています。

▼腸に悪い食品

辛すぎるものや、タバコや強いアルコールなどの刺激物、お肉ばかりで野菜の少ない食事などは、腸内環境を悪化させるのでよくありません。また、小麦やライ麦などの穀物の胚乳から生成されるタンパク質グルテンは水分を含むと腸内に貼りついて消化しにくくなるため、食欲を増進してしまう効果や、血糖値を上昇させることがあります。また、腸粘膜に炎症を起こしたり、小腸へ悪影響を及ぼす可能性もあります。

腸｜ Intestines

腸はとても長くて面積も広いので、腸に関する病気や症状も、便秘や下痢や大腸がん、腸閉塞や潰瘍性大腸炎、クローン病、感染性胃腸炎、過敏性腸症候群、虫垂炎、腸結核、虚血性大腸炎…と大変な数になります。

最近の研究結果では、腸内に「悪玉菌」の割合が多くなると健康や美容、さらに体臭にまで影響を及ぼすことが明らかになっています。

また、肌を作るコラーゲンや天然保湿因子などは、腸から吸収された栄養素から作られます。さらに腸内細菌は人が本来作ることができないビタミン類も作っています。これらは美肌の維持や肌の老化防止にも役立っているんです。だから腸が健康だと、お肌もきれいになるんですね。これであなたも腸きれい〜！

さらに、**腸内細菌はハッピーホルモンとも呼ばれるセロトニンやドーパミンや、脳の興奮を鎮めるGABAなどの神経に作用する物質を作っています。**逆に、**腸内環境の乱れなどが脳に伝わることで、不安感が増したり、ストレスに対する耐性が低下することが実証されています。**腸の不調はこころの不調にもつながってくるんですね！

汚腸婦人のみなさんも、しっかりと腸を磨いて美腸婦人になってくださいね〜。

GABA ｜ Gamma-Amino Butyric Acid

GABAは、「ギャバ」と呼ばれるアミノ酸の一種。人間の脳内にも存在し、緊張やストレスなどをやわらげ、脳の興奮を鎮める働きがあるといわれています。

★ポイント★
腸が超キレイな美腸婦人を目指せば美しくなれること間違いなし♬

【腸内細菌｜Enterobacteriaceae】

腸内細菌には善玉もいますが悪玉もいます。これはちょっと甘くてショッキングな結果なのですが、ジョージア大学と南カリフォルニア大学の共同研究グループが、「青年期に砂糖入り飲料を日常的に摂取すると、成人になってからの学習や記憶のスコアが低下する。この原因は砂糖で増加して記憶機能に悪影響を与える腸内細菌のParabacteroidesが影響するから」と、発表しました。記憶に影響を与えてしまう細菌が大好きなお砂糖や甘い飲み物は、控えたほうが良さそうですね。

21 恋して美しく！その秘密はオキシトシン

「お隣の奥さん、最近恋をしているようでどんどんきれいになってるのよね〜。お相手は韓流ドラマの主人公なんだって！」

近所のおばさまにそんなうわさ話を聞いたのですが、たしかに「恋をするときれいになる」とか、「恋して若返った」とか聞きますよね。これってまんざら嘘ではなくって**ハッピーホルモンとか、恋人たちのホルモンといわれている「オキシトシン」による美肌効果**なんですね。

オキシトシン｜ Oxytocin

本来は母乳を出すためのホルモンですが、嬉しい、楽しい、気持ちいいと感じた時に脳で作られる神経伝達物質。家族やパートナーとのスキンシップや、信頼関係の形成、お肌の再生などに深く関わります。

このハッピーホルモンと呼ばれるホルモンには、セロトニンやドーパミンなどもあるのです。しかし、なにしろホルモンや神経伝搬物質には600以上もの種類があるといわれているのです。その存在や役割も十分に解明できていないホルモンや神経伝搬物質もまだまだ多いんですよ。

本書では、みなさんが聞き覚えのありそうなホルモンの、美味しいところだけをつまみ食いでご紹介しますね♬

実はこのハッピーホルモンの**オキシトシン**って、お肌の幹細胞の動きを促進して、肌のターンオーバーを活性化させるんです。つまり、お肌をいつまでも若々しく保ってくれるのですよ。ですから、恋をするとあふれ出すこのオキシトシンで、韓流ドラマの主人公に恋した奥さんが輝くように見えたのかもしれませんよね。

↓↓↓「じゃあそんな夢のようなオキシトシンをどうやったら増やせるの？」ですって。奥さん、急かさないでくださいよ〜。

このオキシトシンは、**恋人との触れ合いやキス（子どもやペットや友達との触れ合いなどでも効果あり）で増えるのです**。マッサージやエステなどでも同様の効果を期待できます。

テレワークが続いて恋のチャンスがない人や、ご主人や恋人がお相手してくれないという人は、きっとオキシトシン不足。そんな時は、朝日を浴びる、「ローズ」「ネロリ」などのアロマオイルなどを楽しむ、かわいい動物の動画を見る、やわらかなものに触れる（クッションを抱きしめたり、肌触りが心地よい部屋着や下着などを身につける）、友達との会話を楽しむ、人に優しく親切にする、食べ物からビタミンC、ビタミンD、マグネシウム、タウリン、カフェインなどの栄養素を摂取する、音楽や映画で感動する、瞑想をする……などの方法もオキシトシンを増やす効果が期待できます。

でもどうしても恋をしてオキシトシンを増やしたい人は、仕方がないので好きなタレントさんの抱き枕でもだっこしておきますかねぇ。

★ポイント★
ハッピーホルモンのオキシトシンできれいなお肌を取り戻しましょう♬

【ハグとオキシトシン｜Hug and oxytocin】

南カリフォルニア大学ライト教授は、カップルの相手からの頻繁なハグでオキシトシンが増加することを発表しました。抱きしめるという行動にオキシトシンを増加させる効果があるのです。また、電話で話しながらクッションやぬいぐるみを抱きしめるだけでもオキシトシンが分泌されて、不安やストレスを解消するという研究も発表されています。

22 糖分は当分控える！ でもごはんは食べよう

パンやごはんって太りやすいと聞きますよねぇ。

パンやごはんなどに含まれる糖質は、脳や筋肉のエネルギーとなって毎日の活動で大いに役立つんです！　しかし摂り過ぎて余った分はインスリンというホルモンで中性脂肪に変えられて、内臓脂肪や皮下脂肪として貯蔵されて肥満につながってしまうのよね〜

さらに糖質の摂り過ぎは、糖尿病のリスクにもなるし、腸内細菌への影響で記憶力の低下なども招くことは、すでにご紹介したので分かっていますよねぇ。

しかし、頑張れば甘い飲料などを止めることができても、炭水化物は脳や神経、そして全身のエネルギー源として大切な栄養素だから食べないのも良くないいんですってよ。困りますよねぇ～

↓↓↓そんな時の打開策!!

インスリンの分泌を急激に誘発するGI値の高い食品を、インスリンの分泌が緩やかなGI値の低い食品に置き換えること♬

たとえば、ＧＩ値が70以上の食品を、ＧＩ値55以下の同じカテゴリーの食品に置き換えるだけでもかなり安心ですよ。

食パンのGI値が95であるのに対し、ライ麦パンは55です。GI値が88の白米を、GI値55の玄米などに置き換えるだけでも良いかもですね。

GI値｜ Glycemic index

GI値（グリセミック・インデックス）とも表現されるグリセミック指数は、食品ごとの血糖値の上昇度合いを表現する数値。1981年にトロント大学のデイビッド・J・ジェンキンズ博士らが提唱しました。

このように、栄養素として摂取量が必要な炭水化物を減らすのではなく、インシュリンがドバドバ分泌されないＧＩ値が低いものに替えることだけで、十分に肥満防止になるのです。

しかし！　白砂糖をたくさん使っているケーキやお菓子や、お砂糖がたっぷり入った缶コーヒーや炭酸飲料類は、インスリンがドバドバ分泌されるのです。飲み続けると、糖尿病のリスクがひじょ〜うに高まりますので論外です。

また、合成甘味料入り飲料（糖質ゼロとか糖質オフって書いているのにあま〜い飲料など）は、味覚のなかでも甘味に対する感覚が鈍ってしまい、より甘い糖質を多く摂取しがちなので、むしろ太りやすくなると考えられていますので、十分にご注意を！

ちなみに、僕が大好きな赤ワインのＧＩ値はおよそ32。案外低いのよね〜♬　うしし。でも飲み過ぎにはご用心を。

★ポイント★
主食のパンやごはんを抜くのではなくＧＩ値の低いものに置き換えてより健康に♬

【入浴と睡眠｜ Bathing and sleeping】
南カリフォルニア大学大学院博士課程を修了された京都大学の森谷敏夫名誉教授は、「単品に偏ったり炭水化物（糖質）や脂質などの摂取制限（疾患があるケースは別）を行ったりするダイエットは、体重の低下ばかりに注目したもので、科学的根拠も希薄。健康的にダイエットを行う場合には、バランスのよい食事摂取が基本。また繰り返し糖質ダイエットなどを行うことで、身体を壊してしまう危険性すらある」と語られ、炭水化物を中心にした食事を推奨しています。

23 呑まずに蕎麦！ソバーキュリアスに

世界的に若い人の飲酒量が下がり続けているって、ご存じでしたか？。日本でも、新入社員が先輩社員や上司の誘いを断る傾向が強くなったといわれてしばらく経ちました。

かつては、安居酒屋で呑んでパーッと楽しむというのが昭和のお父さんたちのストレス発散方法。新橋のＳＬ広場（新橋駅西口広場）などに行くと、仲間と楽しそうに騒ぎながら千鳥足で駅に急ぐサラリーマンたちがたくさんいましたよね。また、恋愛ドラマなどでも失恋してへべれけになるまで飲んでしまうなんてシーンが描かれていたものです。しかし、最近そんなシーンを見ることすら少なくなりましたよね。

そして、**お酒を飲まないとか、たまには飲むけど、たくさん飲まないように気を付けているという人が世界的に増加中なんですね。そんな人たちのことを「ソバーキュリアス」と呼ぶそうです。**

このソバーってお蕎麦のことかと思ったら、「シラフ」「酔っていない」という意味のsoberと「好奇心をそそるような」「珍しい、不思議な、奇異な、変な」という意味のcuriousを合わせた言葉。つまり超訳すると「シラフでいることに興味津々な人」という意味になるんですな。

↓↓↓でもこれ、とっても良い傾向ですよね♬

ソバーキュリアスの増加は、ヘルシー志向に加えて、世界規模で広がる**「ウェル・ビーイング」など、精神的な豊かさを追求する傾向が若者に高まっ**

ソバーキュリアス｜Sober curious

心や身体の健康を保つために「あえてお酒を飲まない」「少量しか飲まない」という、ミレニアム世代（1981年以降に生まれ、2000年以降に成人を迎えた世代）を中心にした、世界的な傾向。

ているからだそうです。

アルコールは、理性的な大脳新皮質の働きを鈍くして、感情や衝動、食欲、性欲など、抑圧されていた大脳の古い皮質にある本能的な働きを活発にします。

そうして精神を一時的に高揚させるのですが、飲み過ぎると本能のままの発言や行動をしてしまいトラブルを巻き起こしたり、感情がコントロールできなくなったりします。そしてさめると、悪酔いや二日酔いなどの身体的なダメージや、自制が効かなかった自分に対する自己嫌悪感などで落ち込みますよね。僕はすべて忘れているんだけど。

ノンアルコールビールや「モクテル」という「mock（見せかけ）」と「cocktail（カクテル）」とをかけ合わせたカクテル風飲料や、アルコールを扱わない「Sober Bar（ソバーバー）」と呼ばれるバーも増えているそうです。ぜひその Sober Bar のカウンターで、美味しいお蕎麦を出してほしいんだけどなぁ。僕、蕎麦キュリアスだから〜。

★ポイント★
ソバーキュリアスになって、健康で若々しくなりましょう♬

【アルコール依存｜Alcohol dependence】

南カリフォルニア大学のブライアン・P・リー医学博士は、ソバーキュリアスの増加と反比例するように「パンデミックによってストレス、退屈、孤独が、アルコールやタバコの使用を増やした可能性がある」と全米を対象にした調査でアルコールや喫煙量が増えていることを発表しました。とくに幼い子どもがいる家庭での増加が著しいことから、テレワークなどによるストレスが影響している可能性を示唆しています。

24
お蕎麦が防ぐ！肥満とやばい病気

世界的に「ソバーキュリアス」という人たちが増えていると書きましたが、僕の好物は「蕎麦キュウリです」♬

Appleの共同創業者だったスティーブ・ジョブズさんも蕎麦が大のお気に入りで、自社のカフェテリアのスタッフに日本まで蕎麦打ちの修業に行かせたそうです。そしてついに「サシミ・ソバ」というクールなメニューが本社のカフェテリアで食べられるようになったそうです。友達が出かけて食べたんですが。めちゃ微妙だったたって…。

ところで、このお蕎麦って、なかなかのスーパーフーズなのですよ。**蕎麦に含まれるポリフェノールの一種のルチンは、強い抗酸化作用と抗炎症作用を持っています。またルチンには、ビタミンCと共に働いて毛細血管を強くする効果があります。**ですから、やばい生活習慣病の予防に最適なスーパーフーズといえるのです。

しかもルチンはビタミンCの吸収を促して、あのコラーゲンの合成をサポートしてくれるんですね。コラーゲンによって血管の弾力性を維持して毛細血管を安定させて、もろくなった血管を修復する作用や、末梢循環の改善も期待できます。つまり、毛細血管の弾力性を高めることで動脈硬化や脳血管疾患の予防や改善にも効果的なのですよ♬

だからお蕎麦はスーパーフーズなんですね！　スーパーに売っているからじゃないのよぉ。

抗酸化作用｜ Antioxidant effect

体内で増えた活性酸素を除去することが老化や、がん、生活習慣病などの予防になります。そんな悪玉の活性酸素による酸化から体を守ることを「抗酸化作用」といいます。

お蕎麦のおかげで血管もお肌も若返り効果が期待できるんですね。そして、とくに血管は大切なんですよ！ **脳梗塞、脳内出血、くも膜下出血などの脳血管疾患は日本人の死因の上位に位置しますから**ね〜。

脳には毛細血管が多くて、加齢やストレスや過度の肥満や糖尿病や高血圧や高脂血症などの病気から発生した血栓が、脳の毛細血管を詰まらせてしまうことも多いのです。ＭＲＩ検査で「脳梗塞の跡がありますね」と言われたことがある方もいらっしゃるかと思いますが、**痛みなどの自覚症状がないまま脳梗塞を起こしている「無症候性脳梗塞」**と呼ばれる脳梗塞もありますから注意が必要です。

無症候といっても、この無症候性脳梗塞を起こした人は、命にかかわる脳梗塞や脳出血などの脳血管疾患を招く危険があるのです。また、小さな脳梗塞が増えて血管性認知症になる場合もあります。

ですから、ぜひ定期的にＭＲＩ検査などを受けて早期発見、早期治療を

脳血管疾患｜ Cerebrovascular disease

脳血管疾患とは、脳の血管のトラブルによって、脳内の血液が滞ったり腫れたり破裂などを起こし、脳細胞が破壊される病気の総称で、突然死や重い後遺症の原因となります。

心がけてください。なんだかろれつが回らないとか、滑舌が悪いとか、特定の記憶が思い出せないなどの症状も要注意。ぜひ検査をしてみてください。また、糖尿病や脂質異常症などの予防や管理、喫煙や過度の飲酒などの生活習慣改善や食習慣の改善が必要です。とくに高血圧のコントロールが重要。タバコは早く止めて、塩分も控えましょうね！

脳血管疾患を予防するためには、血液をサラサラにする食品も進んで摂取したいものですね。ぜひここでは、**血液をサラサラにしてくれる食品**を憶えておいてください。

酢や梅干し、レモンなどの柑橘類、イワシ、サバ、サンマなどの青魚、昆布、わかめ、ネギ、ニンニク、タマネギ。もちろん、蕎麦も血液をサラサラにしてくれますし、血管を柔軟にしたり修復したりする作用があります。

一方、動物性タンパク質ばかり摂っていると血液はドロドロになります。お肉を食べる際は、野菜もたくさん食べるようにご注意を！

僕の一番のおすすめは、やっぱりスーパーフーズのお蕎麦かなぁ。

蕎麦に含まれるルチンは水溶性。そのため、そば湯にも多く含まれています。そして、ルチンを多く摂りたければ、そば湯を飲むとより効果的です。自宅でお蕎麦を作る際は茹で汁は捨てずに、蕎麦湯として飲んだり、ほかのお料理に使うと良いでしょう。

ただ、スーパーマーケットなどの店頭で**販売されている蕎麦は、時にはほとんどが小麦粉でできています。小麦粉に含まれるグルテンは、空腹感の原因になったり、肥満やむくみを引き起こす原因にもなりやすいので逆効果**。必ず成分表示をチェックして、少なくとも成分表示の最初に蕎麦粉と書かれたものを選んでくださいね！

ご存じでしょうが、成分表示には含有量の多いものから表示するのがルールなので、裏を見ればその食品がどんな素材で作られているのか分かりますし、どんな添加物が使われているのかも明示されているんです。

食品は、ウラを見ておけば、ウラみっこなしですみますからね～♬

★ポイント★
お蕎麦で血管を強くしなやかにして、お肌も蘇らせましょう♬

【腸内細菌｜Enterobacteriaceae】

南カリフォルニア大学神経学のロウレン・グリーン准教授がパンなどで起きるグルテンを原因とした偏頭痛の仕組みについて解明しました。グルテンに対する自己免疫疾患「セリアック病」の場合、免疫系がグルテンを外敵だとみなし攻撃します。この攻撃で健康な組織も破壊されます。この異常に対し、体は警告サインである炎症を起こします。炎症は体のあちこちで起こり、胃腸問題・疲れ・学習困難、そして頭痛といった形で表れるのです。万能そうな蕎麦でも、重篤なアレルギー反応を引き起こすことがあるのでご注意を！

ハッピーポイントまとめ⑤
Let's try to collect happy points!

★ポイント20
腸が超キレイな美腸婦人を目指せば、美しくなれること間違いなし♬

★ポイント21
ハッピーホルモンのオキシトシンで、きれいなお肌を取り戻しましょう♬

★ポイント22
主食のパンやごはんを抜くのではなく、ＧＩ値の低いものに置き換えてより健康に♬

★ポイント23
ソバーキュリアスになって、健康で若々しく♬

★ポイント24
お蕎麦で血管を強くしなやかにして、お肌も蘇らせましょう♬

第６章

夢にあふれた人生設計を

25 コツコツを積み重ねて！ドカンと成功を

第1章でご機嫌な生き方や夢を叶える方法をいくつか書きました。第6章では、具体的な人生設計などについて書いてみたいと思います。

「え、この本ずいぶんと幅広い内容なんですね！」って？

ええ、そうなんですよ。南カリフォルニア大学のジェロントロジー学部って、医学・心理学・社会科学・生理学・生物学・栄養学・運動学などを学際的に学べるんですよ。

日本では、そんな大学は見かけませんよね。日本の大学では、専門的に一つのことを狭く掘り下げます。ですから、大学が縦割りの組織になっていて、一つの学部のためにあらゆる学部の教授が協力して研究をしたり、授業をするということは少ないいんですよ。

僕自身もジェロントロジーを学んだ時に驚いたんですが、実はそんな幅広い学びがあるからこそ気付けることがとてもたくさんあるんです。

幸せで質の高い人生を送るためには、健康のための医学は必要ですし、気分良く生きるために心理学は必須でしょう。それに、人と社会の関係を紐解く社会学や、人そのものを研究したり身体の基礎を理解するために、生理学・生物学・栄養学・運動学なども役に立ちます。

僕が南カリフォルニア大学のジェロントロジー学部から学んで、最も良かったなと思ったことは、**人生を学術的に多面的にいろいろな角度から捉えられたこと**でした。学術ですべて解明されているわけではありませんが、多くが信頼できる実験結果に基づいている答えや仮説だからです。

QOL｜Quality of life
クオリティ・オブ・ライフとは、一人ひとりの人の質や社会的にみた「生活の質」のこと。ある人がどれだけ人間らしい生活や自分らしい生活を送り、人生に幸福を見出しているか、ということ。

そして僕がこの南カリフォルニア大学のジェロントロジー学から学んだ最大のポイントは、**僕ら一人ひとりに夢や希望があって、それを叶えるためには、家族や仲間やお客さまという自分の大切な人たちの笑顔を見られるように努力すること**。いや、努力という言葉は好きではないので、**ウキウキワクワクしながらその笑顔のためにコツコツと尽くすこと**。

↓↓↓で、人生設計のお話でしたよね♬

フロリダ州立大学で心理学を教えるアンダース・エリクソン教授らの調査では、卓越した技術の修得は「10年以上にわたる1万時間以上もの計画的練習の成果だ」と結論づけています。つまり、計画的に高いレベルで1万時間頑張れば卓越した技術が得られるということなのです。

夢を叶えるには、コツコツ実行すること。そのためには、ウキウキワクワクしながら目的に向かって繰り返すことですね。

★ポイント★
夢は一夜にして叶わない。コツコツを積み上げてドカンと達成しましょう♬

【大切な人の笑顔｜Smile of a loved one】

何度も繰り返しますが、南カリフォルニア大学ジェロントロジー学部では、幸せの定義を「自分の大切な人の笑顔を見ること」としています。人は社会的な動物なので、好きな人の笑顔のために働いたり、感謝されたり、認められることが生きがいになるのです。また、自分だけの夢ではなく、大切な人と共有できる夢を描くことができれば、より幸せに近づけそうですね。

26

Google に学ぼう！ 心理的安全性と笑顔

たった一つの検索サイトから、ほんの20年ちょいで世界の頂点に立つ巨大企業になったGoogle。これまでの企業にはなかったような、さまざまなトライアルに取り組んでいます。

なかでもユニークな取り組みを2つご紹介しますね。

▼20％プロジェクト

「仕事に使う20％以上の時間を、すぐに見返りを得られる見込みはなくても、将来大きなチャンスになるかもしれないプロジェクトの検索や取り組みに使う」というルール。Gmail や Google マップ、Google ニュースといったサービスは、すべてこの「20％ルール」のプロジェクトから生まれたそうです。

▼心理的安全性の担保

Google の業務効率などを研究するリサーチチームは、成果を出しているプロジェクトの分析から「心理的安全性を高めると、チームのパフォーマンスと創造性が向上する」と発表し、各プロジェクトマネジメントに活用しています。

もちろん仲間を尊重した関係のうえでですが、社員や仲間を尊重しているからこそできる取り組みですよね。そんな Google の、社内環境の基盤として生まれた、この2つの活動は素晴らしいのですが、とくに僕はこの心理的安全性の担保こそが、これからの時代に必須の考え方なのではない

心理的安全性｜Psychological safety
組織行動学を研究するエドモンドソンが 1999 年に提唱した心理学用語。組織の中で、自分の考えや気持ちを誰に対してでも安心して発言できる状態のことです。

かなと思うんです。

人は、自分自身のなかに一定の基準を作っていて、ものごとの捉え方や、考え方にも、「固定観念」にも似た、自分なりの思考パターンや範囲を決めているのではないかと思うんです。

仮に、自分がどうしてもプロバスケット選手になりたいと思ったとしましょう。でも、「背も低いし、女子だし、若くないから無理だ」とすぐに決めつけて諦めていませんか？「ひょっとしてできるかもしれないこと」も、「きっとできない」と決めつけていませんか？そうして、選択肢をどんどん狭めていませんか？

ジェロントロジーでは、「**人は、自分が思ったようになってしまう**」といっています。人生のチャンスを最大限に広げるためにも、心理的安全性を自分に適応して、自由に発想し、できると信じて夢に立ち向かいましょう。そのほうがワクワクドキドキして楽しい人生が過ごせますよ♬

★ポイント★
常識にとらわれずチャレンジした人に
神様はほほ笑みますよ♬

【エンジニアの夢｜Engineer's dream】

南カリフォルニア大学で自動翻訳の研究を続けていたフランツ・オック博士は、講演で訪れたGoogleで共同創業者のラリー・ペイジにスカウトされてGoogle翻訳の開発をスタートさせました。今では、506言語を理解して相互に翻訳できる自動翻訳システムを作り、さらにAIによる自動学習でどんどん翻訳レベルを高めて、音声を聞き取って同時通訳をするようなサービスに近づいています。オック博士の夢は、予想以上に早く実現しそうですね。

27

不安とさようなら！ストレスフリーになる方法

▼動物のストレス

『なぜシマウマは胃潰瘍にならないか』というロバート・M・サポルスキー博士が書いた本があるんです。変な本でしょ〜。

この本は南カリフォルニア大学ジェロントロジー学部の講義でも紹介されているのですが、驚くべきことが書かれているんです。眼から鱗です。いや眼からシマウマかも！

動物は、短時間にストレスによるホルモンを慌ただしく分泌する。たとえば、シマウマはライオンに追われて逃げる時と、食べられる直前だけストレスを感じホルモンを分泌するのです。

▼人のストレス

人は、慢性的にストレスを感じていて、動物に比べてはるかに長い期間ホルモンを分泌します。しかも、相手は敵だけではなく、人間関係やトラウマや経済的な困窮など、ストレスの要因（ストレッサー）の枚挙にいとまがありません。

つまり、人が猿だった時代は敵から逃げる際に滑って枝から落ちないよう手のひらに汗をかいたり、敵と戦ったり逃げ出したりするためにアイドリングのように血圧を上げたり、怪我をしても大量に出血しないように血液をどろどろにしたわけです。**人は、その緊急事態に対応した状態がストレスで長く続いてしまうので病気になるんですな。**

↓↓↓「じゃどうしたらストレスフリーになれるんですか？」ですって？

では、南カリフォルニア大学ジェロントロジー学部の授業から、ストレスを上手にコントロールして、少しでも楽になる方法をここでお教えしますね♬

いろいろと試して、自分に合ったストレスのコントロール方法を身につけてください。詳しくは、「第2章 楽しく生きるノウハウ」で詳しく書いていますので、探してみてください！ え、それを探すのがストレスになるって？ じゃあ66ページをじっくりご参照くださいね～。

▼ストレスに対応するための提案

1. ゆっくり深呼吸をすることで自分自身を落ち着かせる
2. 軽い運動をする
3. 目を閉じて平和で美しい状況を思い浮かべる
4. 「しなければいけないこと」や「すべてのストレスの原因」を書

ストレスコントロール力｜Stress control

ストレスコントロール力は、ストレスに耐え抜く力ではなく、ストレスの原因を取り除いたり、ストレス発散を行ってストレスを軽減したりする力やスキルをいいます。

き出してみる

5. 自分自身に休息を与える

6. 限界を認める

7. 大切な人の笑顔を見て自分も笑顔になる

シマウマのように、自然の中で生きる動物は、生命の危機を感じる時だけに身体が緊張して、戦ったり逃げたりする準備をしているごく短い時間にストレスを感じるのです。

人と暮らすペットなどでも同じ現象が起きるのですが、とくに人はストレスが長く持続してしまうのです。そのため、ストレスが原因のいろいろな病気になるんです。

このストレスの原因をストレッサーと呼ぶことは前述しましたが、ストレッサーにはどんなものがあるのでしょう？ **ご自身のストレッサーを書き出して認識することや、そのストレッサーを遠ざけるなど、いろいろな対処方法を講じることもストレスの緩和につながります。**

一般的に最も多いストレッサーは、人間関係でしょう。親、兄弟、親戚、同居人など、むしろ本来であれば、癒やしてほしい人との関係がストレスになるのは辛いですよね。

また、友達関係や、会社での人間関係、たとえばパワハラやセクハラなどのハラスメント、会社の仕事の重圧や肉体的な疲れ、お客さま対応もストレッサーになります。その他には経済的な困窮や、痛みや痒(かゆ)みなどを伴う病気、睡眠不足、気温や騒音、健康問題、トラウマ、肉体的・精神的な虐待、いじめ、性的虐待、ＳＮＳなどでのトラブル、ご近所とのトラブル、学校でのトラブルなど、ストレッサーは枚挙にいとまがありません。そして、こうしたストレッサーの多さがまたストレスを複雑にして、増幅させるともいわれています。

え、読んでいるだけでストレスになったって？

そんな時はすぐにこの本を閉じて、甘い香りのアロマを浮かべたお風呂で瞑想でもしてみてはいかが？

★ポイント★
ストレスは慢性化することで病気などを引き起こします。慢性化させないように早めに解消しましょう♬

【血管の萎縮｜Blood vessel atrophy】
南カリフォルニア大学ジェロントロジー学部では、ストレスが老化を速める因子になっていると教えています。強い緊張やストレスが続くと、血管の萎縮が起こり手足も冷えます。毛細血管に血液が滞ることで血管の柔軟性や再生を阻害し、腸内環境なども悪化させるのです。血管を萎縮させるようなストレスをなくし、夢に向かってワクワクと歩き出して、手足もポカポカ、心もポカポカでいたいものですよね♬

28

経験豊かな人生を！ 好奇心でご機嫌に

「好奇心に導かれた人生を過ごしてきました」と、「徹子の部屋」で美川憲一さんと黒柳徹子さんがお話をしていました。浮き沈みの激しい芸能界でいくつもの大成功を収め、ご高齢になった今もなお活躍を続けていらっしゃるのは、単にラッキーだっただけではないと思うんです。そんなお二人が、しみじみと語る言葉に人生の重さを感じました。

人間誰しも好奇心があるものですが、「興味はあっても失敗が怖かったり、自分にはできないと最初から諦めて踏み出せない人」と、「とにかくすぐにやってみる人」とでは、その後の人生が大きく変わってくるものなんです。

興味があるのに踏み出せない人や、自分にはできないだろうと最初から諦めている人は、踏み出せないことでいろんなチャンスをみすみす逃しています。逆に好奇心のままに、どんどんやってみる人は、当然失敗も多いけど出逢いもあります。失敗した数だけ学びがあれば、成功するチャンスにも恵まれるかもしれませんよね！

つまり、**臆してなにもしない人より、好奇心のままにどんどんやってみる人のほうが何倍も人生経験が豊かになる**のです。しかも、そのチャレンジで同じ興味を持つ人との出逢いも得ているんですよね。この、「人との出逢い」というのは、人生においてとても大切なんです。

その出逢いから一生の仲間になるかもしれないし、良きライバルになるかもしれないし、出逢った仲間のおかげで人生が豊かになるかもしれないし、興味が深まるかもしれない。そして、ひょっとして素敵な恋に落ちる

好奇心｜Curiosity

心理学では、「好奇心が強く新しい経験に挑戦することが好き」という心の持ち方を、「経験への開放性」と呼び、「経験への開放性」が高いことが、より良く年を重ねるための重要な秘訣だとしています。

かもしれませんよね。

だから、好奇心を持ってどんどん実践してみることで、その後に成功する確率や幸せをつかむ可能性だって高くなるんです。失敗だってするかもしれませんが、うまくいって、それで人生に花が咲くかもしれないし、大きな実をつけるかもしれません！

科学的に考えれば、人生って確率論で成り立っていて、たくさん経験した人が得をするのは当たり前なんです。当然、いろいろなことが起きますが、**それを不幸だと捉えるか、チャンスだと捉えるかで結果は１８０度変わってきます**よね。

リッチでご機嫌な人生を送りたいのなら、好奇心を持つだけではなく、どんどんトライしてみることです。もちろん失敗も恐れずに。**失敗こそが、リッチな人生を生み出してくれるのですから、むしろ失敗してみるためにやってみる。**そう考えれば失敗も怖くないし、失敗のなかから成功への道筋が見えてくるかもしれませんよ♬

★ポイント★
好奇心を持ち、失敗を恐れずにどんどんチャレンジしましょう♬

【エンジニアの夢｜Engineer's dream】

南カリフォルニア大学エイドリアン・レイン博士らは、好奇心が高い子どものほうが、後にIQが高くなるという研究を発表しました。研究は、1795人の３歳児を対象に調査されました。３歳時点で「好奇心が高い子どものグループ」は、「好奇心が低いと判定されたグループ」に比べて、11歳に成長した時点でIQを計測してみると平均12ポイントもの高スコアを獲得しました。つまり、好奇心が、後のIQの高さにつながったのです。

29
後悔のない人生！
それは学び続ける人生

「後悔先に立たず」といいますが、後悔せずに済む方法があるんです。

それは、学び続けること。

学びには、後悔はありません。

僕らは記憶優先の詰め込み型教育や、受験戦争を戦った経験から、「勉強とはとにかく記憶すること」と学んできました。

でも、今ではスマホという小さなコンピュータがポケットに入って、その記憶を補完してくれるので、今では記憶することは必要最低限で十分です。だから昔は憶えていた親戚や友達の電話番号だって、もうあまり憶えていないはず。

本来の学びとは、自分が生きていくための知恵やその応用力を身につけることなのです。

ですから先人の生き様を学んだり、多くの研究者が積み重ねてきた新たな常識やその研究結果を学び、自分の生活にどんどん取り込んで活かしてみることが大切なのです。

僕はピカソのような画家や、スティーブ・ジョブズや松下幸之助のようなイノベーターや、哲学者や、マーケティングの巨匠からも多くのことを学んできました。

そんなある日、山野学苑の山野正義総長に出逢い、ジェロントロジーに出逢いました。

学び｜Learning
生理学や心理学において学びとは、経験によって動物や人の行動が変容することを指します。興味を持って進んで経験をすることが、人の学びの基本。学び続ける限り学びによる行動の変容は続けられます。

このジェロントロジーというのがまた面白くて、アメリカでノーベル賞受賞者を多数輩出して、東大レベルの偏差値を持つ最先端科学の有名大学で、「**大切な人の笑顔を見ることが自分の幸せ**」なんてことを講義で教えているんです。本来ならば、自分だけが笑顔なら幸せなはずですよね。それを自分を幸せにするのは大切な人の笑顔なのだというのですから、これはまるで禅問答ですよね。

→→→実は、ここに大きな学びがあるのです。

学びの一つは、医学的な観点です。**笑いや笑顔には、ストレスを減らしたり、免疫細胞のナチュラルキラー細胞を活性化させ、免疫力をアップしたりする効果があるのです**。だから、笑顔があふれる生活は、健康や命を守ることにつながるのです。

もう一つは、経済学的な知見からです。**大切なお客さまを笑顔にし続けることで、その結果自分に継続的な仕事や報酬が得られる**のです。

もう一つは、社会学的理論です。**笑顔の連鎖を作ることで、犯罪や裏切り行為や争いのない明るく幸せな環境や社会が作れる**のです。

つまり、**大切な人の笑顔は自分や自分のいる世界の幸せに跳ね返ってくる**わけですね。

もうすでにこの本の行間からそのように悟ってくださった方もいらっしゃるかもしれませんが、南カリフォルニア大学のジェロントロジー学とは、そんな奥深い学びが底辺にあるのです。

さらにいうと、**ステレオタイプ（固定観念）をなくしてクリエイティブな発想を取り戻そう**ということです。

そのステレオタイプのほとんどは、社会全体がそう思い込んでいる社会的なステレオタイプです。子どもの頃から刷り込まれた「男子は強くたくましく、女子はおしとやかに」のような観念が問題なのです。そしてそんなステレオタイプで代表的なものがエイジズム（年齢差別）なのです。

「もう歳だから新しいことを始めるのは無理だ」「歳をとったら物忘れがひどくなってしまう」「社会の役にたたないお荷物になってしまう」「寝たきりになってしまう」というような加齢に対するステレオタイプ（固定観念）が、自分のチャレンジを邪魔するのです。そして、「年寄りは臭い」「ミスが多い」「仕事ができない」などという老人に対する偏見が老人の仕事を奪い、エイジズムに拍車をかけているのです。

本来、**ものごとを始めるチャンスや夢を叶えるチャンスは年齢や性別などにかかわらず誰にでも平等にあるべき**なのです。

ここまで読まれた方なら、もう分かっているはず。そんなステレオタイプやエイジズムが自分自身の夢や将来の可能性を妨げる壁になっていることを。さぁ、そのステレオタイプやエイジズムは、自分の分別臭さとともに分別ゴミに捨ててしまって、きれいサッパリ忘れましょう！　そして夢を現実にするために目標を立てて、ワクワクしながらゴールに向かって歩き出しましょう♬

★ポイント★
ステレオタイプやエイジズムに負けず、生涯夢を追いかけて、ワクワクしながら学び続けましょう♬

【フェラガモ｜FERRAGAMO】

誰もが憧れるブランド、フェラガモを創業したサルヴァトーレ・フェラガモは、履き心地の良い靴を作るという夢を、南カリフォルニア大学で解剖学を学ぶことで叶えたのです。卒業後、マリリン・モンロー、イングリッド・バーグマン、オードリー・ヘップバーンなど多くのハリウッドスターや著名な顧客を獲得して、世界的にも揺るぎないブランドへと育てたのです。

ハッピーポイントまとめ⑥

Let's try to collect happy points!

★ポイント25

夢は一夜にして叶わない。コツコツを積み上げてドカンと達成しましょう♬

★ポイント26

常識にとらわれずチャレンジした人に
神様はほほ笑みますよ♬

★ポイント27

ストレスは慢性化することで病気などを引き起こします。慢性化させないように早めに解消しましょう♬

★ポイント28

好奇心を持ち、失敗を恐れずにどんどんチャレンジしましょう♬

★ポイント29

ステレオタイプやエイジズムに負けず、生涯夢を追いかけて、ワクワクしながら学び続けましょう♬

第７章

風の時代を笑顔で生きる

30 「風の時代」到来！ 学びと情報が羅針盤

第6章では、具体的な人生設計などについて書きました。第7章の最初に、これからの時代を予測してみたいと思います。

え、未来の予測なんてできるのって？

僕には数十年後まで見通せるメガネがあるんですよお〜！　というのはウソですが、ものごとには不可逆や不可避な進化というものがあって、**水が上から下に落ちるように、時代の動きを冷静に観察することで、多少の**

未来は想像することができるんですよ。ええぇ～「宇宙空間だと、水は上から下に流れない」なんて意地悪をいわないでくださいねぇ。

↓↓↓前置きが長くなりましたが、**「風の時代」が来ている**そうです。

ご存じの方も多いかと思いますが、２０２０年12月22日に、木星と土星が重なる「グレート・コンジャンクション」が起こりました。このグレート・コンジャンクションとは西洋占星術の用語で、20年に一度起こる「時代の転換点」をいいます。

僕は、あまり占いなどは信じませんが、この時代の転換点、グレート・コンジャンクションについて知れば知るほど、現実の動きととても符合することが多いので、都合よく参考にしています。そのグレート・コンジャンクションは特別なもので、「グランド・ミューテーション」と呼ばれ、２００年ごとに時代を大きく変えるそうです。２００年とは、実に壮大なスケールじゃあぁ～りませんか。

ケヴィン・ケリー｜Kevin Kelly

時代を先取りした雑誌「WIRED」を共同で設立し、編集長を務めた有名な編集者ケヴィン・ケリー。彼は著書『〈インターネット〉の次に来るもの 未来を決める12の法則』で、未来が不可避的に向かう先を読み解いています。

みなさんがこれまでの人生を経験されていた2020年以前は、「地の時代」と呼ばれていたそうです。この「地の時代」には、形のある物質や権威などに価値がありました。そう言われてみると、まったくもってその通りなんですよね～！　たとえば、お金や大きなお家や豪華な食事や高級車などを見ると、眼から♥がポワンポワ～ンと飛び出しちゃう。社長や、偉い先生とか、成功者といわれる方々を見ると引け目を感じちゃう、なんてことはありませんでしたか？？

でも、みなさん！　良かったですねぇ～！　これからはそんな手の届きそうもないことに一喜一憂する必要はないんです。

つい最近、始まったのが「風の時代」。この**「風の時代」では、形のない情報や体験の価値が高まる**そうなのです。そして、よくテレビ番組等でも登場し世界各地にインタラクティブな体験型美術館を作っているチームラボの代表、猪子寿之さんなんて「物質は、もはやカッコ悪い」なんて言い放ってらっしゃるんですから痛快ですねぇ♬

だって、僕も高級時計を見せびらかしたりするおじさんは好きじゃあないんです。この本で何度もいってますが、やはり**大切なのはお金や物質的な充足ではなく「自分にとって大切な人の笑顔を見ること」**なんですから。

これはあくまでも西洋占星術のお話。

しかし、現実の世界でインターネットやデジタルデバイスが、身の回りのいろいろなものをどんどん形のないものにし始めていますよね。それに、仮想通貨技術を使って実在しない「ＮＦＴアート」が75億円で落札されたりしているんですよ。もし本当にそうした、「見えないものの価値が高まる新しい時代」が始まっているとすれば、生き方や仕事に対する新しい価値観を少しでも備えたいものですよね。

そのためには、アンテナを鋭敏にして、興味がある情報をどんどんキャチアップしたり、自ら必要な学びを受け入れるべきなのだそうです（これは星占いの受け売りですが）。また、そんな新しい学びを共有できる人たちと進んで出逢うべき時代なんでしょうね。学びはたった一人でもできます

NFT アート｜ Non-fungible token Art
仮想通貨のブロックチェーン技術によって、作品の唯一性を担保することでアートが成立します。作品はCGや音源やテキストなどのデジタルデータ。話題性も相まって、NFT アート市場は急拡大しています。

が、何人かで意見や情報交換をしながら学べれば、より深く幅広い角度からものを学ぶことができますよね。

↓↓↓「風の時代」には、**情報や学んだ知恵を羅針盤に、いろいろな体験や経験を自らの財産としてより高みに舞い上がり、風に乗って自由に空を飛び回りたいもの**です。

数年後には、ＡＩが進化して単純な仕事だけでなく、経験やカンに頼っていた仕事まで、どんどん減っていきます。これも不可避な進化です。また十数年後にロボティクスと呼ばれるロボット技術やＶＲの技術が進化すれば、肉体労働も自動化されたり、遠隔操作が可能になって、無駄な出張なども大幅に減ってきます。それに、さまざまな医療分野の研究の進化で、人の寿命が飛躍的に伸びる可能性があるともいわれているのです。

これからの時代は、創造性の羽を広げて、自らの感性を活かしオリジナ

リティの高い仕事や生き方をすることに価値が高まるのです。ＡＩやロボットにはできない、自由な発想や人の感性や感受性を活かした仕事が、人を幸せにする価値を生むのです。これまでになかった仕事が増えて大きな価値を生み出すのです。

たとえば、ユーチューバーのように自分らしい趣味やメッセージを発信し続けるだけでも、大きな収入を得ることができます。

インターネット販売が普及した今、ニューヨークでは、ものを売らず見せたり体験したりするだけのお店が増えているそうです。ものを買って持ち帰るのも大変だし、インターネットではできない体験をしてもらってＳＮＳなどでつぶやいてもらったほうが売上につながるというわけですね。

「風の時代」は急速に進化を続けます。僕らも進化しなければなりません。**「もう歳だから私には関係ない」と他人ごとにせず、自分ごととして興味を持って、何歳になってもチャレンジを続けることが大切**です。

これらは予言ではなく、前述した不可逆的な進化です。今後、大きな戦

ユーチューバー｜YouTuber

2005年に設立したYouTubeは、2007年から「YouTubeパートナープログラム」をスタート。以来、YouTubeで収入を得る一般人や幼稚園児などが増えはじめて、徐々にユーチューバーと呼ばれるようになりました。

争や災害などで地上が滅ばなければ、間違いなくそうなるでしょう。そして日本もいつか終身雇用制度が終わり、たとえ大企業でも守りの姿勢だけでは個人も会社もやっていけなくなるのは明白。もし小さな会社なら、個人も会社も身軽にフットワークを活かして、今すぐに「風のように変化する時代」に適応できるよう準備すべきでしょう。

インターネットやテクノロジーや医療の進化によって、大きく価値が変わるパラダイムシフトがすでに始まっているのは確かです。しかし、社会の基本は「人」なのです。その人の社会の中で、人としてどうあるべきか、社会の中でどう生きていくのか、幅広い学びや瞑想などから自分自身の人生をデザインして、少しずつでも自らの理想に近づけるように、自分自身を成長させてくださいね。

そんな指針の一つに僕が薦めたいのは、何度も登場している南カリフォルニア大学のジェロントロジー学です。ここには、「人や社会の幸せ」や「人生の質」などを科学的に追求してきた知恵が詰まっているからです。

★ポイント★
「風の時代」に社会は大きな変革を起こします。情報や学んだ知恵を羅針盤に、いろいろなチャレンジをしましょう♬

【未来の職種｜Future occupation】

南カリフォルニア大学ジェロントロジー学部では、AIやロボットが活躍する未来の職業について、弁護士や心理カウンセラーのように負を解消するビジネス、介護のように喜ばれるビジネス、相手の気持ちを考えることが必要なビジネス、不便や不満を解消するビジネスなど、AIにはできないビジネスが生き残ると教えています。さらに、これまでの人類に前例がない創造的な仕事を生み出すことも人の役割としています。

31 なにもかもが変わる！ライフシフト社会はこうなる

厚生労働省によると、２０１９年日本人の平均寿命は女性87・45歳、男性81・41歳。これは世界でもトップランク！　日本人の寿命が長い理由は、医療環境の充実や、健康的な食事習慣にあるのでしょう。

一方、介護を受けたり、寝たきりになったりせずに生活できる寿命を「健康寿命」といいます。この**健康寿命と平均寿命の差が随分あるのはご存じ？**

最新の調査による２０１６年時点での日本の健康寿命は、女性74･79歳、男性72・14歳なんです。これ、なんだかショッキングではありませんか？
調査年度が少しずれますが、平均寿命と健康年齢の差を単純に比較すると14歳以上もあるんですから。つまり平均で14年以上も要介護だったり寝たきりの末期を過ごしているのですよ。あじゃぱ〜！

ところで、みなさんは**「ＰＰＫ」（ピンピンコロリ）**ってお聞きになったことがありますよね？　亡くなる直前まで笑顔でピンピン過ごして、痛みもなくコロリっと逝きたいものですね。

↓↓↓そのためにできることは**健康のセルフマネジメント。**

健康維持のためには、適度な運動を心がける。食べ過ぎず、栄養管理に気を配る。心配な時はすぐに検診を受ける。定期的な検診は欠かさない。喫煙は即刻止める。楽しくお客さまに喜んでいただく仕事をし、マインド

健康寿命｜ Curiosity
WHO が提唱した指標で、平均寿命から寝たきりや認知症など介護状態の期間を差し引いた期間。日本はこの寝たきりの期間が欧米各国と比べても長くて、なんと６年以上になるんです。

フルネスやポジティブシンキングで、病気を誘発する継続的なストレスを極力軽減することが大切です。

強いストレスを抱えている人が、その要因を排除するのはちょっと大変かもしれませんが、この本で再三書いてきたテクニックを使えばストレスを軽減するのは、そんなに難しいことではないはずです。

さらに健康寿命を伸ばすためには、ついつい食べ過ぎたり呑み過ぎて、健康寿命を縮めるメタボリックシンドロームに陥らないこと。そして、高齢になったら、積極的にタンパク質を補って、運動を欠かさずロコモティブ症候群などに陥らないようにすること。

こうして、**セルフマネジメントを欠かさず、楽しいことを見つけて、ワクワクウキウキしながら元気に200歳くらいまで長生き**したいものですよね♬

しか～し！　実はもっと切実な問題が差し迫っているといわれているん

ロコモティブシンドローム｜Locomotive syndrome

運動量が減り、体を動かす運動器に障害が起こり、寝たきりになる危険性が高くなる症状をいいます。進行すると、将来介護が必要になるリスクが高くなります。

です。それは『ライフシフト時代』。かんたんに説明すると、**ライフシフトという超長寿時代が訪れて、これまでの社会保障制度や、雇用の仕組み、企業の存続など、社会全体のシステムがその超長寿時代に対応を迫られているというんです。**かんたんじゃなかったですね～

この本でもちりばめてきた、**長寿社会の問題点。それは社会にも、会社にも、そして個人にも、政策の転換や、企業戦略の立て直しや、人生戦略の確立が必要になっている点**なのです。

今の日本では、人口比率がキノコ型に近づいています。要するにグラフ化すると年齢が高いところに人口が集中する状態。欧米も同様の傾向です。あなたがお若かったら、何人ものお年寄りを自分の活躍で支えなければいけない時代が到来するのです。

もちろん、それはなかなか厳しい現状です。結局日本政府は、「老齢でも働きなさい」といっているのです。そうした、社会にも企業にも個人にも過酷な状況が迫っています。

その生きにくい時代のなかで、どう生きていけばよいのか。この問題は、まさに南カリフォルニア大学の研究テーマのひとつなのです。

定年後は、ご隠居してぶらぶらするのではなく、たとえ**何歳であろうと、自分の活動で自分にとって大切な人や人たちを笑顔にする。それを自分自身の仕事や生き甲斐にして、ウキウキワクワクしながら、自分自身の夢に向かってチャレンジを続ける**。

これこそが、自分に与えられた人生を健康で愉快に全うする最高の秘訣なのです。「お笑いの道でM1を目指せ」というわけではなく～。

↓↓↓はい、「そんな先のことは関係ない」と思ったあなた！　自分自身が高齢者になる前に、人生計画を立てておきましょう。備えあれば憂いなし。備えよ常に！（これボーイスカウトの教えなんですけど）

そして、**情報化社会においては、学びや情報こそがその人の人生の質（QOL＝Quality of life）を決めます**。学び続けましょうね♬

★ポイント★
長寿社会をどう生き抜くのか。その答えは、楽しく元気に長生きする道につながっていますよ～♬

【高齢化社会｜Aging society】
南カリフォルニア大学のデイビット・ピーターソン博士は、「まず日本においてはびこっている高齢者に対するステレオタイプのイメージを払拭することが先決。そのために大学レベルで講座を設け、ジェロントロジーを学び（中略）エイジズムから解き放たれれば、老齢者の生活レベル向上に貢献できる。現在、アメリカでは老齢者に対し、技能や能力を生かす多くの機会が提供されている」と講演で発表しています。

32

年齢を忘れよう！
エイジズムの逆をいこう

前項でもご紹介しましたが、実は**日本の社会は、エイジズムという年齢差別がはびこっているんです。**「差別」という言葉は印象が強くて違和感があるという人も多いのかもしれません。しかし、実は本書や南カリフォルニア大学ジェロントロジー学部の講座でも度々出てくるのが、この「年齢差別」。英語でいうエイジズムです。

そして、そのエイジズムがステレオタイプ（固定観念）となって、「老齢者になったら働けない」↓「でも日本の保障では幸せな老後は来そうにない」↓「下手すると、余生はずっと寝たきりの極貧生活」などとネガティブに考えてしまう。

そんな未来が、まるで自分の未来のように思えてしまうエイジズムが知らず知らず潜在意識にインプットされていくのです。そして、そんな**ネガティブなイメージを持っていると、自分の未来に希望を感じられないまま、自分自身の未来がネガティブなイメージに近づいていく**のです。

↓↓↓「そんな未来は絶対イヤダ〜！」って思うでしょう？

じゃあ、どうしたら良いのかこれからお話ししますね。

秘訣は、**年齢を忘れること**です。

前章でも書いたように、**夢や希望を描き、自分自身のワクワクする力で、目的を持ってコツコツと日常を重ねて得ることができるのが未来**です。当然、健康で、そこに自分の大切な人の笑顔がなければ、幸せな未来はやってきませんよね。もちろん、経済的に困窮していたり、パンデミックや自

エイジズム｜Ageism

年齢に対する偏見やステレオタイプ（固定観念）と、それに基づく年齢差別、とくに高齢者差別をいいます。問題なのは、架空の「ネガティブなイメージの老人に自らもそうなったのだ」と受け入れるようになることです。

然災害や戦争や交通事故に巻き込まれるかもしれません。それでも生きていさえすれば、人は夢を描き、自分の大切な人を笑顔にできる能力を持っているんです。

多くの人は明るい未来をイメージしたい。しかし、エイジズムが邪魔をしているんです。そして、大切な判断をする時に、潜在意識に巣食うネガティブな老人のイメージが働きかけてしまうんです。**「年甲斐もなく」「この歳で」「歳をとってからそれは無理」**などと思っていては、**なにもできなくなる**でしょう。

「老人には明るい将来がない」と決めつけてはいけません！　いつでも何歳でもチャレンジを始めることができます。チャレンジし続けることだってできるんです。**僕ら人間は、夢や希望や意思の力で、自分の未来が創れるんです。**

これが、アンチエイジングにも勝（まさ）る**アクティブエイジング**なんです！

★ポイント★
年齢を忘れて、歳だから無理なんて思わずに、臆さずなんにでもチャレンジしてみましょう♬

【ポジティブ思考｜Positive thinking】

南カリフォルニア大学のラーマ・マザー博士とPSPA（心理医学と社会医学の医師協会）は、老いることをポジティブに受け入れる人は、そうでない人より平均で7.5歳も長生きをすると発表しています。ポジティブに考えられる人はストレスを前向きに捉え、ストレスのダメージを受け難くなるのです。また、ものごとをポジティブに捉える人は、たくさんの人やチャンスにも出合えて、QOLや生きる意欲も向上するのです。

33 その夢に向かって目標を決めよう！

夢って英語でドリーム。目標はゴールなんです。夢があると現実から逃避できるから、なにかを夢見ている間は辛い現実から逃げることができますよね。でも、南カリフォルニア大学のジェロントロジー学部では、この**夢を目標にしてスタートすることで、人生の質（QOL＝Quality of life）を高めることができる**といっています。

アメリカで大人気の野球選手となった大谷翔平は、子どもの頃から自分の夢に向かって具体的な目標を立てて、ついには大リーグのダイヤモンド

QOL｜Quality of life
どれだけ人間らしい生活や、自分らしい生活を送って、自らの幸福を見出せているかということ。医療現場などで使われはじめ、今では一般にも使われるほど、生活や健康の質の高さを意識する人が増えています。

に立ち、満票で年間MVP（アメリカン・リーグ）を獲得しました。きっと、野球の神様ベーブ・ルースを超える偉業を成し遂げるんじゃないでしょうか。

人の可能性は未知数です。夢を目標に一歩踏み出せば、現実逃避ではなく、夢に向かってハツラツと生きることが現実になるのです。

↓↓↓え、「私はもう歳だからこれから夢を叶えようなんて無理です」って？　それは大きな間違いなんですよ～

ダンス＆ボーカルユニットTRFのSAMさんは、「ダレデモダンス」を通じて多くの人の健康や幸せに貢献したいと、ジェロントロジーを受講され、その夢に邁進しています。がんを患っても、オシャレを忘れずピラティスをインターネットを通じて教えながらがんを克服したジェロントロジーの仲間（ジェロントロジスト）もいます。シニア世代の幸せなコミュニティーを創りたいと仲間を集め、メディアや企業にアピールして時代を動かそうとしているマーケティングプランナーもジェロントロジーで学んだ考え方をプランニングに活かしています。

僕がマネジャーをしている平均60歳のチアダンスチーム「東京ドリームエンジェルズ」は、歌手でジェロントロジストの庄野真代さんがリーダー。メンバーが集まると、女子高生みたいにめちゃくちゃ元気で楽しそうです！

夢を具体的な目標にして活動すること。実はそのことこそが、人のQOLを高めるのです。夢を持ってポジティブに活動している人は、ストレスも少なく、免疫細胞が活性化し病気にもなりにくいのです。逆に、夢を叶えるために年齢を気にするのは、「老人には夢がない」「高齢者はなにもできない」なんて社会が作った固定観念。これはまさに、年齢差別（エイジズム）の悪影響なのです。

むしろ年齢を忘れ、どんどんチャレンジすることや、失敗にめげずポジティブに活動することが、心と身体の若さを支えるのです。これこそがウェルビーイング（Well-being）ですよね。

★ポイント★
夢を具体的な目標として活動することこそが、人の生活の質や幸せを高めるのです♬

【ウェルビーイング｜Well-being】

ウェルビーイングは、1946年に世界保健機関（WHO）憲章で提唱されました。このWellには「健康」だけではなく、「精神的」「社会的」な要素も含みます。さらに「well-being」は進行形で、「瞬間的」ではなく「持続的」に幸福かどうかが重要。南カリフォルニア大学のリチャード・イースタリン教授は、GDPと幸福度の調査から「一定水準以上の富は幸福に影響しない」としています。お金だけではなく、なにを考えてどう生きているのかが、「well-being＝幸せ」ということなのです。

34 夢を現実に！ 生きるほどに美しく

「奴隷解放の父」と呼ばれ、アメリカで「最も偉大な大統領」の一人といわれたエイブラハム・リンカーン。リンカーンは、「男は40歳を過ぎたら、自分の顔に責任を持て」と言っています。

当時と今は寿命の長さも違うし、ジェンダーフリーな今なら、さしずめ「男も女もレズもゲイもトランスジェンダーもその他も、60歳過ぎたら自分の顔に責任を持って」という感じでしょうね！　確かに生活や性格は顔に出ますからね～。それに、顔にも体にも、その人それぞれの生き方が出てしまいますよね。

ジェンダーフリー｜Gender-free

性による社会的・文化的差別がないこと。ジェンダー（生物学的な性別）にとらわれず、それぞれの個性や資質に合った生き方を自分で決定できるようにしようという考え方。

でも、多少の個性差はあるものの、自分の責任で顔や体はデザインできるものなんですよ〜。しかも、今すぐに始めれば、少なくとも数年で結果は出てくるんです。

これまで繰り返しご説明してきましたが、**「未来の自分は自分のイメージが作る」と南カリフォルニア大学のジェロントロジー講座では教えています**。たとえば、若いときからネガティブな老人のイメージを抱いていると、いつの間にかそうなってしまい愕然（がくぜん）とするのです。

顔つきや、身体や、健康状態も、日々の積み重ねが、その人自身の未来の形をデザインします。潜在意識も、そんな自分自身のイメージを実現することを助けてくれます。だから「昔はスレンダーだったのに、子育てが終わったら収穫を逃した洋梨みたいになっちゃった〜」とか、「ガールフレンドにギリシャ彫刻のような体つきといわれたのに、今やただの出っ腹おっさんボディー」なんて言っているあなた！

↓↓↓今からでも遅くないので、**なりたい自分を目指して自分自身をデザインしていきましょう！**

山野学苑初代校長・山野愛子は「生きるほどに美しく」と言っています。

理想を持ち、毎日思い続け、そして情報を集め、一歩踏み出し、さらに一歩ずつコツコツ実践する。これって、この本で伝えてきたジェロントロジーの極意ですよね。**夢を描き、ワクワクドキドキしながら実践する**こと。きっかけはなんでも良いんです。とにかくチャレンジすること、チャレンジを続けること。それがあなたの人生を豊かにする鍵なんです。**自分の大切な人の笑顔を見るために、コツコツドカンと実現してください♬** 同じことを何度も繰り返して書いてきました。この繰り返しは、ラブソングのリフレイン♬ 僕からみなさんへの愛なんです。南カリフォルニア大学ジェロントロジー学部の叡智(えいち)を、みなさんがご自身の人生に少しでも役立てていただければと思っています。そしてもっと知りたい方はぜひ僕と一緒にジェロントロジーを学びましょう！

★ポイント★
生きるほどに美しくある。そんな気持ちでチャレンジを忘れずに自分の大切な人の笑顔を見るために一歩踏み出しましょう♬

【美麗学｜Cosmetology】

南カリフォルニア大学と山野学苑が提携した理由は、山野愛子初代校長が提唱し続けた「生きるほどに美しく」という観念がジェロントロジーの理念に深く通じているからでした。提携後、山野学苑では、「美麗学」という学問を研究して確立することとなりました。

ハッピーポイントまとめ⑦
Let's try to collect happy points!

★ポイント30
「風の時代」に社会は大きな変革を起こします。情報や学んだ知恵を羅針盤に、いろいろなチャレンジをしましょう♬

★ポイント31
長寿社会をどう生き抜くのか。その答えは、楽しく元気に長生きする道につながっていますよ〜♬

★ポイント32
年齢を忘れて、歳だから無理なんて思わずに、臆さずなんにでもチャレンジしてみましょう♬

★ポイント33
夢を具体的な目標として活動することこそが、人の生活の質や幸せを高めるのです♬

★ポイント34
生きるほどに美しくある。そんな気持ちでチャレンジを忘れずに自分の大切な人の笑顔を見るために一歩踏み出しましょう♬

あとがき　ジェロントロジーに驚いた！

本書でも何度か書きましたが、僕は25年暮らしたニューヨークから戻ってきてホントに落ち込んでいました。なにをやってもうまくいかない毎日に、僕は夢も希望もなくしてトホホな気分でした。

そんな時に紹介していただいたのが、この本のテーマでもあるジェロントロジーでした。ジェロントロジーとは、「老齢学」と翻訳されることが多くて、検索してもほぼ老齢学としか紹介されていませんでした。

実は、「ホントに大丈夫なの？　こんなお年寄りのための勉強をしてなんになるの？」と思ったんです。

しかし藁にもすがる思いの僕は、山野学苑の山野正義総長の優しい笑顔と押しの強さに負けて受講することを決めました。

そうして南カリフォルニア大学ジェロントロジー学部の授業をスマホで見ながら、最初は「やはり老齢学なんだ…」と受け止めていました。

しかし、時間だけはたっぷりあるニューヨーク帰りの僕ですから、どんどん**勉強を進めていくうちに、ふと気付いたんです！　そして驚きました。これってハッピーになるための人生学じゃないのかと！**

学ぶことの多くは、エイジング（老化）や医学や介護などに関わることも多いのは確かです。

ですが、講義の中で受講する学生に言われているのは、「この学びは、受講するあなた方が生きていくうえで大切な学びだ」ということです。それに**「エイジングとは、成長が止まる20歳前後から誰もの体や気持ちのう**

えで起きている」ということ。

南カリフォルニア大学にできたジェロントロジー学部は、世界で初めて生物の老化を研究する学部でした。ところが、人の老化の研究を始めると、心理学や社会学や幸福学など、いろいろな学問が必要になったのです。そして、ついにはアメリカ政府のアドバイザーとして人口問題などについても研究や発表をするようになったのです。

そのジェロントロジーをひとことでいえば**「生きる知恵袋」**です。**南カリフォルニア大学ジェロントロジー学部では、幸せに生きる最良の方法が研究され、主要国首脳会議などでも講演されている**のです。そして前述の山野正義総長のご尽力もあって、コスメトロジー（45ページ）の研究を進めている山野学苑と南カリフォルニア大学が提携して南カリフォルニア大学ジェロントロジー学部の通信講座が開かれていたのです。

ジェロントロジーを学んだおかげで、その後の僕は、すっかり自信を取り戻し、夢を見ながらその実現に向けてワクワクドキドキして毎日を過ごしています。その勢いが余って、今では美麗学ジェロントロジーセンターの理事としてジェロントロジー学の通信教育の説明会と復習講座を毎月Zoomなどを使い開催したり、Clubhouseというソーシャルメディアなどで愉快な無料講座を開いています。もしよかったら、公式サイトにリンクがありますので気軽に覗いてみてください。

今の僕の夢は、このジェロントロジーを普及させて、ワクワクドキドキ夢に向かって生きる人をたくさん増やすことです。

夢を目標にして、自分の大切な人の笑顔のために生きる人が増えれば、人を騙（だま）したり傷つけたりする人はいなくなります。ビジネスや社会が信頼で満ちあふれれば、みんなの笑顔で平和で幸せな世界になりますよ！

この本は、そんなジェロントロジスト（ジェロントロジーを学んだ人）で満ちあふれる世界になるための入り口として、そして分かりやすい解説書として書いたつもりです。この本が、**みなさんの生きづらさや、将来に対する不安やストレスをスッキリと解消して、みなさんの毎日や未来をハッピーで愉快なものにしてくれることを祈っています。**

本書を読まれて、もっと知りたいという方やジェロントロジーを学びたいという方はスマホで今すぐ「ハッピージェロントロジー」と検索してみてください。南カリフォルニア大学ジェロントロジー学部通信講座のページが、かんたんに見つかると思います。

学びの時代が来ています。一歩踏み出して、僕や仲間と一緒に学びましょう。きっとハッピーでご機嫌になれますよ。

この本やジェロントロジーで、ハッピーで愉快な毎日が、あなたに訪れたら、僕もとてもハッピーです！

飯田ヤスヒサ

＊本書におけるジェロントロジーは＊
南カリフォルニア大学ジェロントロジー学部のジェロントロジーを指しています。

＊気になる方はハッピージェロントロジーで検索してみてください。
こちらのQRコードからも公式サイト https://www.gerontology.tokyo/ にアクセスできます。

Special thanks

この本を、ジェロントロジーを共に学び世界各地で愉快に活躍されている多くのジェロントロジストに捧げます。

＊とくに以下のみなさんは本書を各自５冊以上ご購入予定です♬ｗ

歌手　庄野真代さん
ＴＲＦ、ダレデモダンス主宰　ＳＡＭさん
学校法人 山野学苑理事長　山野愛子ジェーンさん
全国経営者団体連合会 理事長　谷口智治さん
女優・タレント　白石まるみさん
女優　仁科亜季子さん
クリエイティブディレクター　Catsua Watanabe さん
元ＮＨＫニュースキャスター　牛窪万里子さん
ピラティス・ヨガインストラクター　跡部宗子さん
顔ヨガインストラクター　堺典子さん
元東映株式会社取締役 宣伝部長　福永邦昭さん
マーケティングプランナー　鈴木準さん
料理研究家　浜口恭子さん
クリエイティブディレクター　金山信夫さん
ジャズボーカリスト　山岡未樹さん
ハーモニカアーティスト　ほんわかかなさん
会社経営者　石井巨人さん
分子栄養学食育コンシェルジュ　荻原彩子さん
株式会社アースホールディングス 代表取締役　國分利治さん
健康経営コンサルタント　樋口陽子さん
ヤマノビューティメイト 社長室長　小林直由さん
メンタル美容 鍼灸師　吉田小百合さん
心理カウンセラー マクマホン洋子さん
笑いヨガインストラクター 千葉博正さん
学舎ラボ代表 心理士・カウンセラー 近藤京子さん
フォトグラファー 石橋勇司さん
辻安全食品株式会社　辻幸一郎さん
開運大学 学長 眞輝さん
エステサロン店長　伊田育世さん
ボディスタイルプロデューサー　田中素美さん
エステサロン経営　藤田智子さん
国際ビジネス大学校 横浜校校長　山内京子さん
昭和女子大学 現代ビジネス研究所研究員　宮田陽子さん
書道家　西岡由美さん
エイジングサロンコンサルタント　岩村佳代さん
防災・減災事業主　喜多村建代さん
フラワーデザイナー＆ライフスタイルコーチ　あくつ利江子さん
ブライダル＆ネイルサロン経営　中島あずささん
Dreamway 理事　飯田和恵さん
会社役員・料理研究家　鵜沢浩子さん
旅行愛好家　福田純子さん
日本オーガニックライフ協会代表理事　はりまや佳子さん
一般社団法人 日本バレエ・ワークアウト協会代表理事　稲垣領子さん
ピアノ教師　元日本航空　香原恭子さん
NPO 全国介護理美容福祉協会　村木代志美さん
山野美容芸術短期大学教授　大西典子さん
FELICE 代表　上村友紀恵さん
ダイエットサポーター　堀内文了さん
メンタルボディートレーナー　天野博さん
一般社団法人 パイダ相愛理論リーダー協会代表理事　嘉山惠美さん

（順不同）

○Prolonged Fasting Reduces IGF-1/PKA to Promote Hematopoietic-Stem-Cell-Based Regeneration and Reverse Immunosuppression（論文）

○一般社団法人 日本生活習慣病予防協会「生活習慣病の調査・統計」（Internet Archive）

○一般社団法人 日本未病学会「未病」の由来（Internet Archive）

○Proceedings of the National Academy of Sciences（Internet Archive）

＜第５章＞

○Commensal microbiota modulate murine behaviors in a strictly contamination-free environment confirmed by culture-based methods.（論文）

○Gut microbial taxa elevated by dietary sugar disrupt memory function : Translational Psychiatry（論文）

○Domani（Internet Archive）

○炭水化物摂取ダイエット（森谷先生）基礎編（Internet Archive）

○特選街 web（Internet Archive）

○Annals of Internal Medicine（Internet Archive）

○The Conversation　How does a piece of bread cause a migraine?（Internet Archive）

＜第６章＞

○『グーグル ネット覇者の真実：追われる立場から追う立場へ』スティーブン・レヴィ：阪急コミュニケーションズ（書籍）

○Stimulation Seeking and Intelligence: A Prospective Longitudinal Study（論文）

○『Why Zebras Don't Get Ulcers』Robert M. Sapolsky（書籍）

＜第７章＞

○『〈インターネット〉の次に来るもの 未来を決める12の法則』ケヴィン・ケリー：NHK出版（書籍）

○ORGANICWAY by Villa Lodola（Internet Archive）

○厚生労働省「簡易生命表」

○公益社団法人 日本整形外科学会：もっと知ろう！「ロコモティブシンドローム」（Internet Archive）

○一般財団法人 シニアルネサンス財団（Internet Archive）

○現在の幸福度と将来への希望～幸福度指標の政策的活用～内閣府（論文）

参考文献

<第１章>

○『思えば叶う―かけがえのないあなたの人生のために』山野正義 : IN 通信社（書籍）

○ Psychology Today ソニア・リュボミアスキー（Internet Archive）

○ポジティブ心理学 （wikipedia）

○ STUDY OF ADULT DEVELOPMENT George Vaillant（論文）

○ Heritability of adult body height: a comparative study of twin cohorts in eight countries Hjelmborg 他（論文）

○ Human Mortality Database. University of California; Berkeley (USA); and Max Planck Institute for Demographic Research (Germany).Available at www.mortality.org（論文）

○『LIFE SHIFT―100 年時代の人生戦略』リンダ・グラットン , アンドリュー・スコット : 東洋経済新報社（書籍）

○ Works by or about Walter Lippmann（Internet Archive）

○『Beyond the Power of Your Subconscious Mind』C. James Jensen（書籍）

○ Perceived age as clinically useful biomarker of ageing（論文）

<第２章>

○『宿無し弘文 スティーブ･ジョブズの禅僧』柳田由紀子 : 集英社インターナショナル（書籍）

○『進化の意外な順序 感情、意識、創造性と文化の起源』アントニオ・ダマシオ : 白揚社（書籍）

○『A Theory of Human Motivation』Abraham H. Maslow（書籍）

○『Easterlin Paradox』リチャード・イースタリン（書籍）

○平成 20 年度国民生活白書

<第３章>

○『Blue Ocean Strategy, Expanded Edition』W. Chan Kim, Renée A. Mauborgne（書籍）

○ウォーキングで脳内麻薬が発動 !? 心身ともにハッピー体質に！ 森谷敏夫 WACOAL BODY BOOK（Internet Archive）

○「MEMOIRS OF THE FACULTY OF AGRICULTURE OF KINKI UNIVERSITY」（雑誌）

○『A Mindfulness Guide for Survival』Ruby Wax（書籍）

<第４章>

○ TAKAE Stretch（Clubhouse）

○「New England Journal of Medicine」（雑誌）

○ Beyond Health（Internet Archive）

著者紹介

飯田ヤスヒサ（いいだ・やすひさ）

学校法人 山野学苑
一般財団法人　美齢学ジェロントロジーセンター理事
ジェロントロジー公式アンバサダー / ジェロントロジスト / 美齢学指導員

南カリフォルニア大学ジェロントロジー学科通信教育課程修了
神奈川県横浜市出身。獨協大学経済学部卒業。1984年、日系アパレル企業の駐在員としてニューヨークに赴任、3年後に現地にて独立。25年間のニューヨーク生活から帰国して「美意識と健康に関心のある方々の集まり」であるDreamwayという交流組織を結成、理事長に就任。現在の会員数は2800人を超える。facebook「バブリー飯田と素敵な仲間たち」のグループ会員は1200名以上登録。
学校法人 山野学苑・一般財団法人 美齢学ジェロントロジーセンター理事を務め、南カリフォルニア大学ジェロントロジー学科通信教育課程の講義や講演などを積極的に行ない、「健康で、ときめく毎日を生きていく秘訣」を発信している。

ジェロントロジー公式サイト→
www.gerontology.tokyo

企画・編集協力
SUPERPROJECT LLC. 佐藤豊彦

なぜあの人(ひと)は愉快(ゆかい)なのか？　〈検印省略〉

2021年 12 月 28 日　第 1 刷発行

著　者——飯田 ヤスヒサ（いいだ・やすひさ）
発行者——佐藤 和夫

発行所——株式会社あさ出版
〒171-0022 東京都豊島区南池袋 2-9-9 第一池袋ホワイトビル 6F
電　話 03 (3983) 3225（販売）
03 (3983) 3227（編集）
ＦＡＸ 03 (3983) 3226
ＵＲＬ http://www.asa21.com/
E-mail info@asa21.com
印刷・製本　神谷印刷（株）

note http://note.com/asapublishing/
facebook http://www.facebook.com/asapublishing
twitter http://twitter.com/asapublishing

ISBN978-4-86667-328-8 C0030